CORRIE TEN BOOM

WIE ER UNS TRÄGT

CIP-Titelaufnahme der Deutschen Bibliothek

Boom, Corrie ten:
Nicht ich, sondern Christus : wie Er uns trägt /Corrie ten
Boom. [Aus dem Engl. übers. von Friedhilde Horn]. –
(Edition C : C ; 311
ISBN 3-7751-1613-3
NE: Edition C / C

EDITION C-Paperback C 311
Bestell-Nr. 58.011

Originaltitel: Niet ik, maar Christus

Titel der englischen Ausgabe: Not I, but Christ
Erschienen bei Thomas Nelson, Inc., Nashville, Tennessee
Aus dem Englischen übersetzt von Friedhilde Horn

Umschlaggestaltung: Heide Schnorr v. Carolsfeld
Printed in Germany

Inhalt

Vorwort des Herausgebers

»Nicht ich, sondern Christus« ist das treffendste Wort, das man über das Leben Corrie ten Booms, dieser ungewöhnlichen Frau, setzen kann. Immer war es ihr Wunsch, ihren Herrn Jesus Christus groß zu machen und das Frohmachende und Befreiende seiner Herrschaft vor den Menschen sichtbar werden zu lassen.

Aus Corries großer Liebe zu Gott erwuchs auch eine tiefe Liebe zu seinen Menschen und zur Schönheit der Erde, die er geschaffen hatte.

Ihr Leben bedeutete aufrichtige Hingabe an Christus, und deshalb freuen wir uns, dieses Buch veröffentlichen zu können. Wir hoffen und beten darum, daß es zur Fortsetzung von Corries Lebenswerk dient.

Der Inhalt stammt teilweise aus Rundfunksendungen, die Corrie in holländischer Sprache in den späten sechziger Jahren über den Sender Trans World Radio gestaltete. Ursprünglich wurden diese Vorträge in Holländisch unter dem Titel »Niet ik, maar Christus« veröffentlicht. In anderer Aufmachung erscheint nun hier die erste deutsche Übersetzung in einer Bearbeitung von Lotte Reimeringer, einer langjährigen Mitarbeiterin von Corrie. Einige Abschnitte des Buches sind ihrer Zeitschrift »Die Zuflucht« entnommen.

Vorwort

»Wenn man vierundachtzig Jahre alt ist und immer noch ein bißchen in dem Bereich arbeiten kann, der einem am Herzen liegt, dann ist das ein großes Vorrecht. Und ich kann noch sehr viel tun!« Das waren Corrie ten Booms Worte im Jahr 1976, als unsere sieben Jahre andauernde gemeinsame Arbeit begann. Sie war Gott stets dankbar, daß sie so viele Menschen mit der Botschaft von Jesus Christus erreichen konnte. An diese Aufgabe ging sie immer wieder mit einem Enthusiasmus heran, wie ich es nirgends in gleicher Weise gesehen habe. Vor allem wurde sie nie müde, die Notwendigkeit zu betonen, daß wir unseren Feinden in der Kraft des Herrn Jesus vergeben und uns auf seine Wiederkunft einstellen müssen.

Für Corrie war das Leben eine einfache Sache. Beständig pflegte sie mit dem Herrn über alles zu sprechen, was sie bewegte. »Gott kennt keine Probleme, er hat immer nur Pläne!«, so sagte sie immer wieder. Die öffentliche Anerkennung, die ihr für ihre Bücher und Filme zuteil wurde, akzeptierte sie als Erweiterung ihrer Möglichkeiten, eine immer größere Zahl von Menschen mit dem Evangelium zu erreichen. Machte man ihr ein persönliches Kompliment, schob sie das mit den Worten beiseite: »Corrie ten Boom an sich ist ganz unbedeutend. Mein Herr Jesus ist es, der Bewunderung verdient. Ihm sollten wir alle gehorchen und folgen.« In diesem Zusammenhang zitierte sie dann 2. Korinther 5,21: »Denn er hat den, der von keiner Sünde wußte, für uns zur Sünde gemacht, damit wir in ihm die Gerechtigkeit würden, die vor Gott gilt.« Manchmal fügte sie dann noch ein Dichterwort an:

»Feige, trotzig und schwach ist mein Herz,
wetterwendisch wie ein Tag im April,
heute aktiv und stark,
morgen apathisch und mutlos.

Doch der Herr gibt niemals auf,
und wir beide werden es schaffen –
Jesus und ich.«

Tief im Herzen nahm sie jedes Kompliment wie eine Blume entgegen. Und am Ende manchen Tages legte sie den ganzen Strauß vor den Herrn mit den Worten: »All das gehört dir!«

Wie sehr freute sie sich ihres Lebens! Ihr Herz war voll von vorbehaltloser Liebe zu alt und jung, reich und arm, Häftling und Monarch, schwarz und weiß. Und wieviel Humor hatte sie dabei, wie herzhaft haben wir oft zusammen gelacht! Geistig war sie trotz ihrer Jahre immer jung geblieben. Ihre Tage waren angefüllt mit Reisen, Schreiben, Beratung, Vorträgen und Interviews mit Presse, Funk und Fernsehen.

Im Jahr 1977 bezog Corrie ten Boom ihr eigenes Heim in Placentia in Kalifornien, nicht weit von Los Angeles. Sie war glücklich darüber, daß sie nun jede Nacht im gleichen Bett schlafen konnte. Ihr Leben als »Vagabund Gottes« lag hinter ihr. Aber trotzdem sah sie ihre Lebensaufgabe durchaus nicht als erfüllt an. Im Gegenteil – sie arbeitete mit Hochdruck an der Fertigstellung verschiedener Filme und Bücher. In der Rückschau tritt der Sinn hinter diesem intensiven Schaffensdrang klar zutage: am 23. August 1978 erlitt Corrie einen schweren Schlaganfall, der ihr die Sprache raubte.

Nun begann ein Lebensabschnitt mit zahlreichen wichtigen Lektionen für uns, die wir das Vorrecht hatten, sie zu pflegen. Nachfolgende Schlaganfälle verursachten Lähmungen, und in der letzten Phase ihres Lebens konnte sie ihr Bett nicht mehr verlassen. Doch obwohl sie körperlich verfiel, schien sie in geistlicher Hinsicht nur noch stärker zu werden.

Sie konnte nun nicht mehr sprechen, lesen oder schreiben, aber wir lernten es, uns auf andere Weise mit ihr zu verständigen. Zeitweise war dieses Schicksal sehr schwer für sie, aber sie akzeptierte ihre körperlichen Beschränkungen und nahm ihre Kraft aus dem Wort Gottes und vom Herrn selbst, mit dem sie in ständiger Verbindung blieb.

Manchmal war geradezu erfinderische Phantasie nötig, um zu erkennen, was sie uns sagen wollte. Oft versuchten wir lange, in Erfahrung zu bringen, worüber man sich normalerweise in einigen Sekunden hätte verständigen können. Schließlich sagten wir uns dann: »Wir wollen den Herrn fragen.« Ich kann mit gutem Gewissen sagen, daß wir in neunzig Prozent der Fälle innerhalb weniger Minuten die Antwort wußten. Die Freude über die erfolgte Verständigung war jedes Mal groß. Wir fragten uns nur immer wieder, warum wir eigentlich nicht früher zum Herrn gehen mit all unsern Fragen – kleinen und großen. Während dieser Jahre der großen Schwäche wurde die Frucht des Heiligen Geistes in Corries Leben ganz besonders sichtbar. Sie blieb immer voller Freude und Geduld, und jeder Besucher sprach vom überwältigenden Empfinden des Friedens Gottes im Hause.

Viel Trost fanden wir in den Psalmen. So lasen wir oft den 27. Psalm und machten uns gegenseitig Mut im Warten auf den Herrn. Manchmal war es nicht leicht, wenn die große körperliche Schwäche alles andere überschattete. Am 15. April 1983, ihrem einundneunzigsten Geburtstag, nahm der Herr Corrie zu sich nach Hause. An jenem Nachmittag hatten wir für sie gesungen und ihr noch einmal gesagt, daß nichts sie jemals von der Liebe Gottes trennen könnte und daß der Herr bald für sie kommen würde. Um elf Uhr abends ging sie ruhig und voller Frieden heim. Ihre Aufgabe war erfüllt. Sie hatte Jesus Christus gedient mit all ihrer Kraft, und sie hatte ihm auch gedient, als sie gebrechlich geworden war. Wie kostbar war ihr Leben und ihr Zeugnis für den Herrn auch dann noch, als sie aus dem Rampenlicht der Öffentlichkeit verschwunden war!

Vielleicht erscheint es unsern Lesern nun so, daß wir, die wir Corrie ten Boom bis zum Ende so nahe waren, sie nur in leuchtenden Farben schildern können. In ihren eigenen autobiographischen Schriften spricht sie aber sehr offen über ihre eigenen Fehler, ihr Versagen, ihre Sünden und wie der Herr damit und mit ihr selbst fertig geworden ist. Der Eindruck, den wir vor allem vermitteln möchten, ist der: Alles, was sie uns jemals lehrte, wurde in diesen letzten Jahren in ihrem eigenen Leben geprüft und voll bestätigt. Wenn man in dieses Leben hineinschaut, sieht man den Herrn Jesus Christus darin und wünscht sich, ihm ähnlich zu werden.

Pam Rosewell

Welche Berufung hat ein Christ?

In welch einer Welt leben wir? Wenn ich in die Zeitungen hineinschaue oder die Nachrichten höre, will manchmal eine gewisse Verzweiflung und Hoffnungslosigkeit in mir aufsteigen. Wir können das Ende der heutigen Entwicklungen nicht absehen. Furcht macht sich in uns breit, und wir fragen uns, wohin das alles noch führen mag.

Welch ein Trost liegt darin, die Bibel zu lesen und dabei festzustellen, daß Gott schon lange, lange alles gewußt hat, was sich heute abspielt, und daß er uns eine wunderbare Zukunft verspricht, die sich allen Schatten unserer irdischen Existenz zum Trotz hindurch für uns erfüllen soll.

In seinen Abschiedsreden in Lukas 21 spricht der Herr Jesus von Dingen, die wir heute in den Zeitungen lesen können.

Das schwerverständliche Buch der Offenbarung ist nun viel leichter zu deuten als noch vor zehn oder zwanzig Jahren. In diesem Buch lesen wir von bedrohlichen Ereignissen, die auf uns zukommen. Johannes beschreibt sie jedoch aus der göttlichen Perspektive.

In Kapitel 21, Vers 4 sagt er: »Und Gott wird abwischen alle Tränen von ihren Augen, und der Tod wird nicht mehr sein, noch Leid noch Geschrei noch Schmerz wird mehr sein; denn das Erste ist vergangen.«

Schauen wir in die Zeitung, steigt uns der Gedanke auf: »Das kann nur noch schlimmer werden!« Lesen wir in der Bibel, können wir fröhlich sagen: »Das Beste liegt noch vor uns!«

Jesus versprach, alle Dinge neu zu machen (s. Offb 21,5). Dann wird diese Welt, diese ganze dunkle Erde von der Erkenntnis Gottes erfüllt sein, wie der Ozean den Meeresboden überflutet.

Lesen wir in der Bibel nach, wie Gott die Weltgeschichte geplant hat, dann wird uns die sichere Gewißheit geschenkt, daß nichts dem Zufall überlassen ist.

Jesus mahnte seine Zuhörer, die Zeichen der Zeit zu beachten (s. Mt 16,3). Wenn wir das tun, werden wir feststellen, daß er bald wiederkommen wird.

Wie können wir uns darauf einstellen? Das ist nur möglich auf dem Weg der Hingabe an den, von dem Paulus schreibt: »Und ich bin darin guter Zuversicht, daß der in euch angefangen hat das gute Werk, der wird's auch vollenden bis an den Tag Christi Jesu« (Phil 1,6).

An dieser Stelle erkennen wir, daß es nicht darum geht, daß wir selbst kämpfen, sondern daß wir uns dem Herrn völlig ausliefern müssen, so daß er uns für seine Wiederkunft vorbereiten kann.

Im 1. Thessalonicherbrief lesen wir: »Er aber, der Gott des Friedens, heilige euch durch und durch und bewahre euren Geist samt Seele und Leib unversehrt, untadelig für die Ankunft unseres Herrn Jesus Christus. Treu ist er, der euch ruft; er wird's auch tun« (1. Thess 5,23-24).

Denken Sie darüber nach, was das bedeutet: Sie und ich sind makellos, unversehrt an Seele und Leib. Und das ist möglich, weil er, der uns ruft, treu ist. Er »wird es auch tun«.

Als Jesus von unserer heutigen Zeit sprach, sagte er: »Das wird euch widerfahren zu einem Zeugnis. ... Denn ich will euch Mund und Weisheit geben, der alle eure Gegner nicht widerstehen noch widersprechen können. ... Und kein Haar von eurem Haupt soll verloren gehen. ... Wenn aber dieses anfängt zu geschehen, dann steht auf und erhebt eure Häupter, weil sich eure Erlösung naht« (Lk 21,13.15.18.28).

Die Worte des Herrn lauteten: »Seht, ich mache alles neu!« (Offb 21,5).

Welchen Reichtum haben wir zu erwarten – Sie und ich! Und selbst, wenn sich die Dinge nach außen hin noch so negativ entwickeln: Das Beste liegt noch vor uns!

»Herr Jesus, komm bald und erfülle dein Versprechen – daß du alle Dinge neu machst! Und für die heutige Zeit bitten wir dich: tröste uns und gewähre uns die großartige Erfahrung, diesen Trost an andere weitergeben zu können. Danke, Herr! Amen.«

Wohin mit meiner Schuld?

Der Satan benimmt sich wie ein guter Viehhändler, der einmal auf dem Markt um eine Kuh herumgeht und dann alle ihre Schwachpunkte erkannt hat. Er kennt uns genau und weiß sehr genau, wo er uns treffen kann. Er weiß, daß seine Zeit kurz bemessen ist und ist daher äußerst aktiv.

Doch Jesus ist gegenwärtig, und er ist der Stärkere.

Die Antwort auf die Frage nach unserer Schuld findet sich in der Bibel. Jesus sagt in Matthäus 9,13: »Ich bin gekommen, die Sünder zu rufen und nicht die Gerechten.«

Aber was müssen wir dabei tun? In Sprüche 28,13 lesen wir: »Wer seine Sünde leugnet, dem wird's nicht gelingen; wer sie aber bekennt und läßt, der wird Barmherzigkeit erlangen.«

Und Johannes sagt: »Wenn wir aber unsre Sünden bekennen, so ist er treu und gerecht, daß er uns die Sünden vergibt und reinigt uns von aller Ungerechtigkeit« (1. Joh 1,9).

Ein Mann ging einst zum Priester seines Dorfes, um seine Sünden zu bekennen und Absolution zu empfangen. Er sagte: »Ich habe drei Säcke Kartoffeln gestohlen.« Der Priester hörte zu und redete über Reue und Vergebung.

Als das Gespräch beendet war, meinte der Priester: »Ich habe von diesem Diebstahl gehört, aber ich war der Meinung, es wären nur zwei Säcke gewesen. Sie haben aber von dreien gesprochen.«

»Ja, das stimmt«, antwortete der Mann, »morgen werde ich mir den dritten noch holen!«

Wie sieht es damit bei uns aus? Bekennen wir unsere Sünden und lassen sie dann? Jesus machte in großartiger Weise seine Barmherzigkeit gegenüber Sündern deutlich, als man die beim Ehebruch ertappte Frau zu ihm brachte. Er sagte: »Wer unter euch ohne Sünde ist, der werfe den ersten Stein auf sie« (Joh 8,7). Einer nach dem anderen wandten sich seine Zuhörer ab und gingen fort. Dann sagte der Herr zu der schuldig gewordenen Frau: »Geh und sündige von jetzt an nicht mehr!« (Joh 8,11).

Vielleicht sagen Sie jetzt: »Das hört sich gut an, wenn Jesus sagt ›sündige nicht mehr‹.« Für mich ist das ein Berggipfel, auf dem ich niemals stehen werde, jedenfalls nicht auf Dauer.«

Wissen Sie, was das Wunderbare daran ist? Wenn Sie den Anstieg zusammen mit dem Herrn Jesus beginnen, werden Sie erkennen, daß es gar kein steiler Gipfel ist, sondern ein Plateau, eine Hochebene. Und Sie werden die Wahrheit von Psalm 18,37 erfahren, wo ein Sünder zum Herrn spricht: »Du gibst meinen Schritten weiten Raum, daß meine Knöchel nicht wanken.« Die Bibel redet in einfachen Worten.

»Allein erkenne deine Schuld, daß du wider den HERRN, deinen Gott, gesündigt hast und bist hin- und hergelaufen zu den fremden Göttern unter allen grünen Bäumen, und ihr habt meiner Stimme nicht gehorcht, spricht der HERR« (Jer 3,13). Und dann folgen die wunderbaren Worte: »So kommt denn und laßt uns miteinander rechten, spricht der HERR. Wenn eure Sünde auch blutrot ist, soll sie doch schneeweiß werden, und wenn sie rot ist wie Scharlach, soll sie doch wie Wolle werden« (Jes 1,18).

Jesus starb am Kreuz, um schuldig gewordene Menschen frei zu machen. Und wem Jesus seine Lasten abnimmt, der ist wirklich frei.

Wenn der Satan uns innerlich unsere Schuld vor Augen führt, möchte er uns damit in einen Abgrund der Verzweiflung stürzen. »Schau dich nur recht an«, flüstert er uns zu, »so sündhaft bist du, und so wirst du auch bleiben dein Leben lang.«

Wenn uns dagegen der Heilige Geist unsere Schuld zeigt, geschieht das immer im Licht der am Kreuz vollbrachten Erlösung. Jesus starb für Sie und für mich. Und er starb nicht nur für uns, sondern er lebt ja wieder und ist uns ständig nahe und gegenwärtig.

Ein kleiner dreijähriger Junge holte seinen Vater am Bahnhof ab. »Vati, ich möchte deinen Koffer tragen«, sagte er. »In Ordnung«, meinte der Vater, »leg deine Hand auf meine.«

So trugen sie den schweren Koffer heim. Zu Hause erklärte der Junge seiner Mutter: »Ich habe Vatis Koffer getragen.«

Dasselbe müssen wir tun: unsere schwache Hand in die starke Hand Jesu legen. Mit ihm sind wir dann auch stark. Natürlich werden wir dann nicht mehr an der Vorstellung hängen bleiben, daß wir »den Koffer« getragen hätten. Wir werden unseren Herrn anbeten und ihm die Ehre geben, der uns nicht nur unsere Lasten tragen hilft, sondern auch uns selbst trägt!

»Danke, lieber Herr Jesus, daß du auf die Frage nach unserer Schuld eine so wunderbare und klare Antwort gibst. Danke, daß du gesagt hast: ›Kommt her zu mir, alle, die ihr mühselig und beladen seid; ich will euch erquicken‹ (Mt 11,28). Danke, Herr, daß du uns reinigst und uns stark machst. Danke, Herr, dir sei Lob und Ehre! Amen.«

Missionar oder Missionsfeld

Jeder Mensch ist entweder ein Beauftragter Gottes, ein »Brief Christi«, oder eine uns von Gott gestellte Aufgabe. Haben Sie Ihr Herz noch niemals für den Herrn Jesus aufgeschlossen? Dann sind Sie ein Stück Missionsfeld. Dann sage ich Ihnen: Lassen Sie sich mit Gott versöhnen. Kommen Sie zu Jesus und bringen Sie ihm Ihre Sünden. Er starb für Sie am Kreuz und sprach die Worte: »Kommt her zu mir, alle, die ihr mühselig und beladen seid; ich will euch erquicken« (Mt 11,28).

Er schenkt uns Frieden und beantwortet unsere tiefsten Fragen – nach Erlösung, nach Befreiung und nach ewigem Leben. Auf diese Weise werden wir zu seinen Kindern und sind dann dazu berufen, das Licht der Welt zu sein. Auch diesen Beauftragten Gottes habe ich etwas zu sagen. Ein solcher sind Sie nämlich, wenn Sie einmal zu Jesus ja gesagt haben.

Ein so von Gott an die Arbeit gestellter Mensch ist interessiert am Wohlergehen aller, die in seiner Reichweite leben. Im ersten Korintherbrief heißt es: »In einem jeden offenbart sich der Geist *zum Nutzen aller*; dem einen wird der Geist gegeben, von der Weisheit zu reden; dem anderen wird er gegeben, von der Erkenntnis zu reden, nach demselben Geist; einem andern Glaube, in demselben Geist; einem andern die Gabe, gesund zu machen, in dem einen Geist; einem andern die Kraft, Wunder zu tun; einem andern prophetische Rede; einem andern die Gabe, die Geister zu unterscheiden; einem andern mancherlei Zungenrede; einem andern die Gabe, sie auszulegen« (1. Kor 12,7-10, Hervorhebung durch die Autorin).

Welch ein Reichtum entfaltet sich da! Ist er tatsächlich für Sie und für mich bestimmt? Da bin ich ganz sicher. Paulus sagt einem jeden von uns Christen: »Strebt aber nach den größeren Gaben! Und ich will euch einen noch besseren Weg zeigen« (1. Kor 12,31). Das ist die Voraussetzung, die ein von Gott an die Arbeit gestellter Mensch mitbringen muß. Wie wichtig ist es, daß wir uns nach diesen Gaben wirklich ausstrecken, daß wir ernstlich danach verlangen, was Gott uns durch Paulus im zwölften und vierzehnten Kapitel des ersten Korintherbriefes vor Augen führen läßt!

Dann werden wir auch in unserem Alltag erleben, daß das wunderbare Wort, das großartige Versprechen, das Jesus unmittelbar vor seinem Abschied aus der sichtbaren Welt gab, voll in Erfüllung geht: »... aber ihr werdet die Kraft des heiligen Geistes empfangen, der auf euch kommen wird, und werdet meine Zeugen sein in Jerusalem und in ganz Judäa und Samarien und bis an das Ende der Erde« (Apg 1,8). Die Gaben des Heiligen Geistes sind ein Teil dieser Kraft. Doch dürfen wir nicht außer acht lassen, daß zwischen dem zwölften und dem vierzehnten Kapitel des ersten Korintherbriefes noch ein anderer Abschnitt steht. Paulus sagt dort, daß alle die angeführten Gaben wertlos sind, wenn uns die Güte, die von Gott geschenkte Liebe, fehlt (1. Kor 13,2).

Außer den Gaben des Geistes gibt es auch noch die Frucht des Geistes: »Liebe, Freude, Friede, Langmut, Freundlichkeit, Güte, Treue, Sanftmut und Selbstbeherrschung« (Gal 5,22-23). Und denken Sie daran: alle Verheißungen, alle Versprechen Gottes haben ihr Ja und Amen in Jesus. Die Gaben und die Frucht des Geistes sind für Sie und für mich gedacht. Wir finden diese Aussage wieder in Röm 5,5: »... denn die Liebe Gottes ist ausgegossen in unsere Herzen durch den Heiligen Geist, der uns gegeben ist.«

Wieviel Haß und Angst leben doch in den Herzen der Menschen! Eines Abends hatte ich über das unendliche Meer der Liebe Gottes gesprochen, zu der wir durch den Herrn Jesus Zugang hätten. Ich sagte, daß wir diese kostbare Gabe nutzen dürften und könnten – wenn wir dem Heiligen Geist in uns Raum gewährten.

Nach der Ansprache kam ein junger Mann zu mir und sagte: »Ich bin Gott sehr dankbar für das, was ich heute gehört habe. Der Herr hat mir allen Haß aus dem Herzen genommen. Jetzt kann ich völlig vergeben. Ich habe es schon so oft versucht, war aber nicht dazu in der Lage. Jetzt hat es mir der Heilige Geist geschenkt.«

Nach einem abendlichen Gottesdienst in Deutschland erkannte ich plötzlich einen Mann wieder, der mir als Aufseher im Konzentrationslager in Ravensbrück begegnet war. Jetzt kam er auf mich zu. Bei seinem Anblick fielen mir all seine Grausamkeiten, die er im KZ begangen hatte, wieder ein. Bitterkeit stieg in meinem Herzen auf. Doch dann spürte ich, wie eine Welle der Liebe Gottes mich durchströmte – Liebe, wie sie nur der Heilige Geist ermöglichen kann.

Dieser Mann sprach mich an: »An Weihnachten habe ich den Weg zu Jesus gefunden. All meine Schuld habe ich vor ihm niedergelegt. Am Ende bat ich ihn um die Gnade, auch eins meiner früheren Opfer um Vergebung bitten zu können. Aus diesem Grund komme ich jetzt zu Ihnen. Wollen Sie mir verzeihen, was ich Ihnen an Grausamkeiten zugefügt habe?« Ich brachte es fertig, die Hand des Mannes zu ergreifen. Wenn wir unseren Feinden vergeben, dann erleben wir mehr denn je die Realität dieses Ozeans der Liebe Gottes.

»Vater, im Namen Jesu danke ich dir für die großartigen Möglichkeiten, die du uns zur Verfügung stellst, wenn wir sie uns im Glauben aneignen. Danke, daß wir ebenso die uns von dir gestellte Aufgabe erfüllen können – nicht aus unserer eigenen Kraft, sondern aus deiner. Willst du verschlossene Türen öffnen? Willst du alle Zweifel und alles Vertrauen auf uns selbst von uns nehmen und uns statt dessen durch deinen Heiligen Geist mit Glauben und Vertrauen dir gegenüber füllen? Wir bitten dich darum! Amen.«

Wie kann ich erkennen, was Gott von mir will?

In Jesaja 30,21 heißt es: »Deine Ohren werden hinter dir das Wort hören: ›Dies ist der Weg; den geht! Sonst weder zur Rechten noch zur Linken!‹«

Stimmt das wirklich? Führt Gott seine Kinder auf diese Weise?

Hören wir darauf, was der Heilige Geist uns über »Führung« zu sagen hat. Manchmal bedeutet das nämlich ein Problem für mich, und für viele andere Menschen ebenfalls. Wie oft hört man: »Ich habe niemals eine Antwort empfangen, wenn ich um Führung gebeten habe.«

Dann möchte ich fragen: »Haben Sie auch hingehört?«

Manchmal müssen wir auf den Herrn warten. Doch kann eine solche Wartezeit schon für sich allein ein Segen sein, wenn wir uns dabei der Gegenwart des Herrn bewußt bleiben. Auch die »stille Zeit« kann sich hilfreich erweisen.

Wenn Sie Gottes Stimme ganz deutlich hören möchten, sich aber noch unsicher fühlen, dann verharren Sie in seiner Gegenwart, bis er die Unsicherheit in Gewißheit verwandelt. Während dieses Wartens auf den Herrn kann viel geschehen. Manchmal verwandelt er Stolz in Demut, Zweifel in Glauben und Frieden, oder auch Leidenschaft in Reinheit der Gefühle. Der Herr kann und will das tun.

Es kann auch sein, daß der Herr uns durch sein Schweigen wachsen lassen will, wie eine Mutter manchmal schweigend zuschaut, wenn ihr Kind hinfällt und wieder aufsteht beim Laufenlernen. Manchen Konflikt läßt Gott vielleicht gerade deshalb in unserem Leben zu, weil er uns auf diese Weise trainieren will.

Es gibt Leute, die sagen: »Aber ist das nicht sehr egoistisch, Gott um eine persönliche Führung zu bitten?« Wissen Sie, wer letztlich hinter einer solchen Frage steht? Der Satan. Er fürchtet es, wenn Kinder Gottes ihre Hand in die des Herrn legen und dann einen sicheren Weg gehen. Gott dagegen will uns die Wegweisung schenken. Sehen wir uns an, was die Bibel zu diesem Thema sagt!

In Psalm 32,8 heißt es: »Ich will dich unterweisen und dir den Weg zeigen, den du gehen sollst; ich will dich mit meinen Augen leiten.« Kann es noch deutlicher gesagt werden? Und in Psalm 48,15 steht: »Wahrlich, das ist Gott, unser Gott für immer und ewig. Er ist's, der uns führet.«

Warum hören wir aber so oft die Stimme Gottes nicht? Ich denke, daß es daran liegt, daß unsere Sünden uns von ihm trennen. In Psalm 40,13 sagt der Psalmist: »Denn es haben mich umgeben Leiden ohne Zahl. Meine Sünden haben mich ereilt; ich kann sie nicht überblicken. Ihrer sind mehr als Haare auf meinem Haupt, und mein Herz ist verzagt.«

Das Wirken Satans gleicht manchmal einem Nebel, der außen am Fenster unserer Seele auf- und abwogt und Gottes Licht für uns verbirgt. Wünsche, die Gott nicht bejaht, können einen solchen Verdunklungseffekt auch von innen auslösen. Vielleicht legt Gott dann seine Hand auf die »Fensterscheibe«, um uns deutlich zu machen, daß er uns sehr nahe ist. Doch nur zu oft hindert uns unser Ungehorsam daran, Gottes Führung zu erkennen oder seine Stimme zu hören.

Als ich nach dem Krieg endlich das Konzentrationslager verlassen konnte, habe ich mir gesagt: »Nun will ich durch die ganze Welt reisen, überallhin, wohin Gott mich sendet, um seine Botschaft weiterzusagen. Doch ich hoffe, daß er nie von mir verlangt, daß ich nach Deutschland zurückkehre.« Die Erfahrungen, die ich im Gefängnis gemacht hatte, hatten ein schreckliches Bild dieses Landes in mir hinterlassen.

Mein Gehorsam unterlag also einer Einschränkung. »Überall hin, Herr, nur nicht nach Deutschland.« Ich ging zuerst nach Amerika. Als ich wieder um Führung betete, erhielt ich keine Antwort. Das war sehr hart für mich. Plötzlich tauchte in mir die Frage auf: »Herr, steht vielleicht eine Sünde zwischen mir und dir?« Die Antwort kam klar und deutlich: »Deutschland.« Ich verstand, was der Herr mir sagen wollte und antwortete: »Herr, also dann gehe ich nach Deutschland.«

Ich betrat dieses Land von neuem und begegnete meinen Feinden, fand aber auch viele Freunde. In mancher Hinsicht fand ich in Deutschland sogar mehr offene Türen als sonstwo in der Welt. Und hier erfuhr ich auch, daß die Liebe zu den Feinden einen intensiver als alles andere mit der Liebe Gottes in Berührung bringt.

Ich lernte die Lektion: Gehorsam – nicht »ja, *aber*«, sondern »ja, Vater«.

Gott führt in einer dreifachen Weise. Erstens, während wir beten; zweitens durch das Lesen seines Wortes und drittens durch die Umstände, die uns begegnen. Es ist eigentlich eine wunderbare Sache, daß wir in unseren Gebeten nicht nur sprechen dürfen, sondern auch hören können. Das gelingt einem nicht beim ersten Mal. Wir müssen uns an diesen Umgang gewöhnen. Doch erfahren diejenigen die unsichtbare Gemeinschaft mit Gott, die ihm mit Ehrfurcht gegenüber stehen.

Es ist der Satan, der uns daran hindert, Gottes Stimme zu hören. Das ist sein erklärtes Ziel. Dann gibt es aber noch einen Rivalen für Gottes Stimme – unser Ich. Es kommt darauf an, daß wir unterscheiden lernen, wer nun gerade spricht.

Die Anweisungen Gottes sind einfach und von innerer Reinheit und Wahrhaftigkeit durchdrungen. Die des Satans sind meist komplizierter. Er benutzt Zweifel, Auflehnung und Täuschungsmanöver für seine Zwecke.

Trotzdem ist es für den Herrn durchaus nicht schwierig, uns zu führen. Und von ihm etwas zu erbitten, gibt uns gleichzeitig die Gelegenheit zur Gemeinschaft mit ihm. Welch ein Trost steckt in dem Wissen, daß Gott bereits vor unserer Geburt seinen Plan mit uns gemacht hat! Er gab uns unsere Anlagen und Fähigkeiten. Und wir können ganz sicher sein, daß er diese Möglichkeiten nicht zu verschleudern beabsichtigt, nachdem Sie nun Christ geworden sind.

Er, unser guter Hirte, kennt Ihre physischen, emotionalen und geistlichen Bedürfnisse besser als Sie selbst. Er hat gesagt: »Es soll dir niemand widerstehen dein Leben lang. Wie ich mit Mose gewesen bin, so will ich auch mit dir sein. Ich will dich nicht verlassen noch von dir weichen« (Jos 1,5).

Er hat von Anfang an das Ziel schon im Auge gehabt. Er kann es bewirken, daß jede Tat und jede Erfahrung für Sie selbst und für andere zum Guten zusammenwirken. Wenn wir nur ein klareres Verständnis davon hätten, was es heißt, ein Kind Gottes zu sein!

Wenn wir den Herrn Jesus als unseren Erlöser annehmen, dann macht er als unser Retter und Herr uns zu einem Kind Gottes.

Gott ist unser Vater, der uns lieb hat. Wir gehören zu ihm. Es ist für ihn nicht schwer, uns zu führen. Er sehnt sich auch danach, es zu tun, und nichts ist für seine Allmacht unüberwindlich und nichts für seine Liebe zu unbedeutend. Ist das nicht eine wunderbare Sache?

»O Vater, wir danken dir, daß wir deine Kinder sind. Und wir danken dir, Herr Jesus, daß du ein guter Hirte bist. Lehre uns durch deinen Geist, deine Stimme deutlich zu hören. Danke, daß du das willst. Amen.«

Leben Sie sicher?

In Kolosser 3,3 lesen wir: »... verborgen mit Christus in Gott.« Es gibt nirgendwo einen sichereren Platz.

Im Zentrum eines Hurricans herrscht absolute Stille. Das habe ich in Amerika einmal erlebt, als ein Sturm unmittelbar über unser Haus hinwegging. Rund um uns tobte und brüllte es. Starke Bäume wurden ausgerissen.

Und dann wurde es plötzlich ganz still. Nichts bewegte sich mehr. Ein Mann, der neben mir saß, sagte: »Jetzt sind wir im Zentrum des Sturms. Da ist alles ruhig.« Das dauerte nur einen Augenblick, bis dann die zweite Phase dieses Höllenzirkus' über uns kam. Endgültig wurde es erst ruhig, als das Wetter ganz abgezogen war.

Wenn wir mit Christus in Gott verborgen sind, bleibt uns der Friede erhalten. »Darum fürchten wir uns nicht, wenngleich die Welt unterginge und die Berge mitten ins Meer sänken« (Ps 46,3).

Vor vielen Jahren ging ich nach Japan. Ich kannte niemand dort und verstand die Sprache nicht. Unsicherheit beschlich mich, vor allem, wenn ich allein war. Dann öffnete ich meine Bibel und las:

»Gelobt sei Gott, der Vater unseres Herrn Jesus Christus, der uns nach seiner großen Barmherzigkeit wiedergeboren hat zu einer lebendigen Hoffnung durch die Auferstehung Jesu Christi von den Toten, zu einem unvergänglichen und unbefleckten und unverwelklichen Erbe, das aufbewahrt wird im Himmel für euch, die ihr aus Gottes Macht durch den Glauben bewahrt werdet zur Seligkeit, die bereit ist, daß sie offenbar werde zu der letzten Zeit. Dann werdet ihr euch freuen, die ihr jetzt eine kleine Zeit, wenn es sein soll, traurig seid in mancherlei Anfechtungen, damit euer Glaube als echt und viel kostbarer befunden werde als das vergängliche Gold, das durch Feuer geläutert wird, zu Lob, Preis und Ehre, wenn offenbart wird Jesus Christus. Ihn habt ihr nicht gesehen und habt ihn doch lieb; und nun glaubt ihr an ihn, obwohl ihr ihn nicht seht; ihr werdet euch aber freuen mit unaussprechlicher und herrlicher Freude, wenn ihr das Ziel eures Glaubens erlangt, nämlich der Seelen Seligkeit« (1. Petr 1,3-9).

Welch eine Sicherheit finden wir hier! Wir werden das Erbe erhalten, das für uns bestimmt ist, und dieses Erbe wird für uns bewahrt. Mir war ein Schimmer davon aufgegangen, wie die Dinge sich von der göttlichen Warte her ausnehmen.

In Japan lief auch bald alles erstaunlich gut. Gott öffnete Herzen und Türen, so daß wir zehn gesegnete Monate dort verleben konnten. Der schwere Anfang war ein Teil von Gottes Trainingsstunden für mich gewesen.

Gehorsam ist etwas ungeheuer Wichtiges. Liebe und Gehorsam gehören zueinander. Dann mögen Stürme toben, doch im Innern bleibt der Friede erhalten. Jesus war absolut gehorsam, ja, er war bereit, am Kreuz für Sie und für mich zu sterben. Welch eine Liebe wird da sichtbar!

Wenn es auch dunkel um uns her sein kann, werden wir doch erleben, was der Psalmist erfuhr: »Wer unter dem Schirm des Höchsten sitzt und unter dem Schatten des Allmächtigen bleibt, der spricht zu dem HERRN: Meine Zuversicht und meine Burg, mein Gott, auf den ich hoffe« (Ps 91,1-2).

»Danke, Herr Jesus, daß du uns Sicherheit schenken willst – mitten in unserer Unsicherheit. Danke, daß wir mit dir in Gott verborgen und geborgen sein können. Höre, Herr, auf die, die sich dir nun ausliefern, dir vertrauen wollen. Wie großartig ist es, daß sie sicher in deinen Armen ruhen! Amen.«

Hingabe

Was ist eigentlich Hingabe, vollständige Auslieferung? Es gab eine Zeit, da war das für mich ein großes Problem. Kennen Sie solche Gefühle auch? Ich wußte gar nicht, was eigentlich damit gemeint war oder was ich zu tun hatte. Dann kam mir ein kleines Büchlein von Andrew Murray in die Hand, das mir eine echte Hilfe wurde.

Zuerst mußte ich erkennen, was Hingabe zu bedeuten hatte. Ich las 1. Könige 20,1-4. Benhadad von Syrien eroberte, zusammen mit zweiunddreißig Verbündeten, Samaria, die Hauptstadt Israels. Er schickte eine Botschaft an König Ahab: »Dein Silber und dein Gold gehören mir. Auch deine Frauen und deine edlen Söhne sind nun mein« (V.3). Ahab antwortete: »Ich gehöre dir mit allem, was ich besitze« (V.4).

Ich weiß aus eigener Erfahrung, was ein solches Ausgeliefertsein bedeutet. Vor Jahren war ich Gefangene der Nationalsozialisten. Mein Wille galt nichts mehr. Ich mußte ihn meinen Bedrängern vollständig ausliefern. Nichts konnte ich mehr von mir aus entscheiden. Ich hatte bloß noch zu gehorchen.

Ahab nannte Benhadad: »Mein Herr und König« und übergab ihm: »alles, was ich besitze« (V.4).

Doch haben wir es ja mit einem ganz anderen Gegenüber zu tun, wenn wir uns ausliefern – mit Gott, der die Liebe ist. Er ist kein Diktator, sondern ein liebender Vater. Sein Einsatz für uns hat keine Grenzen, seine Segnungen hören niemals auf, wenn wir uns ihm ganz hingeben. Sich Gott ausliefern bedeutet, ihm völlig zu vertrauen. Das ist ein ganz anderes Ausgeliefertsein als das von Ahab gegenüber Benhadad.

Als Kind sang ich gerne das Lied: »Sicher in Jesu Armen ...«

Der Herr Jesus starb nicht nur am Kreuz für unsere Sünden, sondern er lebt auch heute und sagt uns: »Seid gewiß: Ich bin bei euch alle Tage bis zum Ende der Welt« (Mt 28,20).

Legen Sie einfach Ihre Hand in seine. Dann sind Sie sicher.

Jesus ist der Sieger über alles, und Sie können sich ihm unbesorgt überlassen.

Gott erwartet es von uns, daß wir uns ihm vorbehaltlos ausliefern. Lassen Sie uns einen Blick auf all das werfen, das er geschaffen hat. Vielleicht hilft uns das ein wenig zum besseren Verständnis dessen, worum es hier geht. Die Sonne, die Sterne, die Blumen, die Bäume – alles das untersteht vollständig seiner Herrschaft.

Auch wir besitzen Dinge, die wir nur gebrauchen können, wenn wir sie richtig in der Hand haben. Mit einem Kuli, der noch halb in meiner Tasche steckt, kann ich nicht schreiben. Kann Gott uns gebrauchen, wenn ihm nur ein Teil unseres Wesens, unserer Person zur Verfügung steht?

Gott ist Leben und Liebe und Segen und Kraft und unermeßliche Schönheit, und er ist froh, mit seinen Kindern vereinigt zu sein – mit Kindern, die bei ihm bleiben wollen, wir in ihm und er in uns.

Ich spreche hier von denen, die den Herrn Jesus als ihren Erlöser und Herrn anerkennen. Das erste, was mit uns geschehen muß, ist das, was Jesus »von neuem geboren sein« nennt. Wenn Sie wissen, daß Sie ein Sünder sind, und bitten Jesus, Ihnen Ihre Schuld zu vergeben und von Ihrer Persönlichkeit Besitz zu ergreifen, dann läßt er das Wunder geschehen, daß Sie eine »Wiedergeburt« zu einem Kind Gottes erleben. Das ist eine Sache von großer Bedeutung, aber wir dürfen nicht vergessen, daß »Geburt« immer nur der Anfang eines Lebens ist. Danach muß ein Wachsen einsetzen, und von Zeit zu Zeit muß diese vorbehaltlose Auslieferung auch wieder neu erfolgen. Unvollständige Hingabe auf unserer Seite bedeutet ein Hindernis für Gott, uns zu segnen und zu gebrauchen, uns zum Kanal des Lebensstromes zu machen, der von ihm ausgeht.

Salomos Tempel war ganz und gar Gott geweiht, nicht nur ein Teil von ihm. Jeder von uns ist ein Tempel des Heiligen Geistes. Wir müssen aufhören, Kompromisse zu schließen, damit Gott in segensreicher Weise durch uns wirken kann. Es geht nicht darum, was *wir* tun können, sondern darum, was *Gott* tun kann. Oft genug machen wir gerade in Zeiten unserer eigenen Schwäche die Erfahrung, wie mächtig Gott ist.

»O Herr, wieviel kannst du mit einem Menschen machen, einem Mann oder einer Frau, der sich dir ganz zur Verfügung ge-

stellt hat! Danke, daß du auf hundert Prozent meiner Person Anspruch erhebst. Bitte bewahre mich vor Gefahren und vor Furcht und zeige mir den rechten Weg. Vor allem halte mich dann fest, wenn ich in Versuchung bin, einen falschen Weg einzuschlagen. Danke, Herr!«

Das Wirken der Engel

Engel haben die Aufgabe, den Herrn zu loben und ihm zu danken. Sie waren dabei, als die Erde erschaffen wurde. Im Buch Hiob 38,7 hören wir von einem Chor der Engel, der bei der Schöpfung gegenwärtig war. Am bekanntesten ist ihr Auftreten auf den Feldern von Bethlehem, wo einer von ihnen die Botschaft Gottes von der Geburt Jesu überbrachte und eine ganze Schar Engel in den Gesang einstimmte: »Ehre sei Gott in der Höhe und Friede auf Erden bei den Menschen seines Wohlgefallens« (Lk 2,14).

Engel sind nicht allwissend, aber sie wissen mehr als wir. Die Bibel sagt, daß wir nur wenig niedriger stehen als die Engel (s. Ps 8,6). Ganz offensichtlich sind sie auch an uns Menschen interessiert, denn Jesus sagt, daß im Himmel Freude herrscht über einen jeden Sünder, der seine Sünden bereut und umkehrt (s. Lk 15,7). Und ich bin sicher, daß die Engel ihrer Freude auch im Singen Ausdruck verleihen.

Es gibt unter den Engeln Rangordnungen, wir wissen aber nicht wie viele und welche. Die Bibel spricht von zwei großen Gruppen – den Cherubim und den Seraphim. Als Adam und Eva aus dem Paradies ausgetrieben wurden, stand ein Cherub am Tor nach Osten. Er hielt ein feuriges Schwert in seiner Hand, um ihre Rückkehr zu verhindern.

Hiskia, ein Mann, der viel von Gott und den ewigen Dingen wußte, ging wie ein Kind mit seinem Gott durchs Leben. Er nahm den schlimmen Brief, den er während der Belagerung Jerusalems von dem assyrischen General Rabschake erhalten hatte, und brachte ihn in den Tempel. Dort breitete er ihn vor dem Herrn aus. Dann sprach er ein wunderbares Gebet, das mit folgenden Worten begann: »HERRN und sprach: HERR, Gott Israels, der du über den Cherubim thronst, du bist allein Gott über alle Königreiche auf Erden, du hast Himmel und Erde gemacht« (2. Kön 19,15).

Auch bei dem Propheten Hesekiel lesen wir von Cherubim. Eine Stelle beschreibt ein erschütterndes Ereignis im Tempel, wobei die Cherubim Gott mit lauter Stimme lobten und priesen. Die Cherubim werden dabei als fremdartige Wesen beschrieben (s. Hes 10,21).

Die Engel, die auf der Erde auftreten, werden in der Bibel oft als freundliche, verständnisvolle Helfer beschrieben. Wir brauchen nur in Apostelgeschichte 12,1-11 nachzulesen, was sich bei der Befreiung des Petrus aus dem Gefängnis abgespielt hat. Petrus schlief, mit Ketten gefesselt, zwischen zwei Soldaten. An allen Toren und im Flur standen Wachen. Nach den Tagen des Passahfestes sollte er verhört werden. Die Christen hatten sich versammelt und beteten »rund um die Uhr« zu Gott um die Befreiung des Petrus.

Plötzlich betrat ein Engel Gottes die Zelle. Helles Licht strahlte von ihm aus. Lesen Sie nach, was der Engel tat und wie er es tat. Zuerst stieß er den Petrus leise an, bis er aufwachte. Dann hieß er ihn aufstehen. »Schnell, beeile dich«, sagte er (V.7). Die Ketten fielen auf den Boden. Dann fuhr der Engel fort: »Gürte dich und zieh deine Sandalen an!« und weiter: »Wirf deinen Mantel um und folge mir!«

Anfangs konnte Petrus nicht fassen, daß das alles Wirklichkeit sein sollte. Er glaubte, eine Vision zu haben. Der Engel ging vor ihm her durch offene Türen, dann durch das eiserne Tor und schließlich ein Stück weit die Straße entlang. Dann verschwand der Engel, und Petrus sah sich allein auf dem Weg – mitten in der Nacht.

Heutzutage sind die Engel nicht weniger aktiv als damals. Im Kongo erzählten mir Missionare von ihren Erfahrungen. In einem Gebäude, einer Art Internat, lebten zweihundert Missionarskinder. Aufständische faßten eines Tages den Entschluß, alle diese Kinder samt ihren Lehrern zu töten. Das Grundstück war nur mit einer niedrigen Hecke umzäunt, und im Gebäude befanden sich ein paar Soldaten. Diese Vorkehrungen boten kaum Schutz gegen eine größere Anzahl von bewaffneten Feinden. Als man vom Gebäude aus die Rebellen kommen sah, knieten alle nieder und beteten um Bewahrung.

Plötzlich drehten sich die Aufständischen um und liefen fort. Am nächsten Tag geschah das gleiche und am dritten Tag wieder. Danach tauchten keine Feinde mehr auf.

Einer der Rebellen wurde verletzt auf der Straße gefunden. Man brachte ihn ins Hospital. Als der Arzt seine Wunden versorgte, fragte er ihn: »Warum seid ihr nicht ins Haus hereingekommen, wenn ihr doch beschlossen hattet, uns umzubringen?«

Der Mann antwortete: »Wir konnten nicht. Wir sahen Hunderte von Soldaten in weißen Uniformen und waren sehr erschrocken darüber.«

Niemals haben Soldaten in Afrika weiße Uniformen getragen. Den Missionaren wurde klar, daß nur Engel sie beschützt haben konnten.

Wie groß ist unser Gott, und was für einen liebenden Vater haben wir, daß er solche »dienstbaren Geister« aussendet, um die zu beschützen, die Erben seiner Verheißung und seiner Erlösung sein sollen!

»Danke, Vater im Himmel, daß wir wissen dürfen, daß deine Engel uns umgeben – deine Engel, die nicht nur in biblischen Tagen aktiv waren, sondern die auch heute um uns sind. Danke für die große Liebe, die wir dahinter erkennen können. In Jesu Namen: Amen!«

Wie oft muß ich vergeben?

»Siebzigmal siebenmal ...« (Mt 18,22).

Wie soll das möglich sein? könnte man fragen. Es muß aber möglich sein – weil wir alle selbst Vergebung empfangen haben, mehr als siebzigmal siebenmal, von dem, der uns warnte: »Wenn ihr aber den Menschen nicht vergebt, dann wird euch euer Vater eure Verfehlungen auch nicht vergeben« (Mt 6,15).

Und wir alle haben gebetet: »Und vergib uns unsere Schuld, wie auch wir vergeben unsern Schuldigern« (Mt 6,12).

Es ist eine großartige Sache, daß in seinem Wort solche Verheißungen stehen wie in Psalm 103,12: »So fern der Morgen ist vom Abend, läßt er unsre Übertretungen von uns sein.« Ist das nicht wunderbar? Gott wirft unsere Sünde in die Tiefe des Meeres. Ich stelle mir gern vor, daß er dort ein Schild aufstellt: »Fischen verboten!« Und das ist auch nötig, weil der Satan sich ein Vergnügen daraus macht, vergebene Sünden wieder hervorzuholen. Er klagt uns Tag und Nacht an.

Aber wie können wir es lernen, zu vergeben? Ein guter Rat, den ich gern weitergebe, ist dies: Vergeben Sie dem Menschen, der Sie durch Worte oder Taten verletzt, sofort. Dann hat der Satan keine Chance, in Ihrem Herzen einen Schaden anzurichten.

Ich glaube, daß die Antwort in Römer 5,5 enthalten ist: »... denn die Liebe Gottes ist ausgegossen in unsere Herzen durch den Heiligen Geist, der uns gegeben ist.« Die göttliche Liebe wirkt in Ihrem und meinem Herzen die Vergebung. Das Erfülltsein mit dem Heiligen Geist und die Frucht, die dieser Geist bewirkt – die Liebe –, ist soviel stärker als Schikane, Empörung und Haß, daß diese negativen Gefühle umgewandelt werden in Vergebung, Vergessen und Zuwendung.

Ich muß bekennen, daß ich einst glaubte, daß Vergebung allein genüge. Das Vergessen nahm ich nicht ernst. Ich hatte Briefe aufgehoben, in denen häßliche Dinge standen, die andere mir angetan hatten. Vergeben hatte ich diese Dinge schon vor langer Zeit. Jemand erinnerte mich daran, was der Herr mit meinen Sünden getan hatte: Er vergab sie und schob sie ganz und gar »vom Tisch«. Da verbrannte ich all diese Briefe, in denen die Sünden anderer Leute schwarz auf weiß geschrieben standen. Wie glücklich war ich nun! Ich erlebte es an mir selbst: Wenn der Herr Jesus frei macht, dann ist man wirklich frei.

In diesen Tagen hören wir viel von Bemühungen um ein Friedensreich auf dieser Erde. Die Bibel ist voll von Verheißungen in bezug auf die Dinge, die geschehen sollen, wenn Jesus wiederkommt. Dann wird der »Wolf bei den Schafen liegen«, »aus Schwertern sollen Pflugscharen werden«, Kernkraft wird zum Aufbau, zum Heilen benutzt werden und nicht mehr, um zu zerstören.

Vielleicht sagen Sie jetzt: »Ja, das wird eine wunderbare Sache sein, und dann wird mir alles leicht fallen, aber hier und heute findet man nichts als Zank, Kritik und Ärger, und das vor allem unter Christen! Und was für eine Moral herrscht überall, welche Scheußlichkeiten sind rundum zu sehen! Die Welt liegt wahrhaftig im Bösen, und der Fürst dieser Welt ist eine finstere und raubgierige Macht.«

Das ist wahr. Aber gerade in diese dunkle Welt hinein gab uns der Herr Jesus den Auftrag, seine Liebe zu vermitteln. Er sagte: »Ihr seid das Licht der Welt« (Mt 5,14) und »Wie mich der Vater gesandt hat, so sende ich euch« (Joh 20,21).

Warum sandte Gott seinen Sohn Jesus Christus? »... um zu suchen und zu retten, was verloren ist« (Lk 19,10). Warum sendet Jesus mich und Sie? Zu suchen, was verloren ist. Und das ist möglich, weil in Johannes 14,27 steht: »Frieden hinterlasse ich euch«, und in Matthäus 28,20: »Und lehret sie halten alles, was ich euch befohlen habe. Und siehe, ich bin bei euch alle Tage bis an der Welt Ende.«

Gemeinsam mit Jesus werden wir Sieger sein. Seine Liebe und sein Friede sind unendlich. Und wie schwierig eine Sache auch sein mag, wir haben die Verheißung: »Aber in dem allen überwinden wir weit durch den, der uns geliebt hat« (Röm 8,37).

Paulus stand an vorderster Front. Man kann es in der Apostelgeschichte und in seinen Briefen nachlesen. Wieviel Feindschaft und Haß, wieviel Verrat und Verleumdung hatte er zu erdulden! Und dann sagt er in Römer 8,35: »Wer will uns scheiden von der Liebe Christi? Trübsal oder Angst oder Verfolgung oder Hunger oder Blöße oder Gefahr oder Schwert?«

Er konnte sagen: »Wie geschrieben steht (Psalm 44,23): ›Um deinetwillen werden wir getötet den ganzen Tag; wir sind geachtet wie Schlachtschafe‹« (Röm 8,36).

Aber dann frohlockt er: »Aber in dem allen überwinden wir weit durch den, der uns geliebt hat. Denn ich bin gewiß, daß weder Tod noch Leben, weder Engel noch Mächte noch Gewalten, weder Gegenwärtiges noch Zukünftiges, weder Hohes noch Tiefes noch eine andere Kreatur uns scheiden kann von der Liebe Gottes, die in Christus Jesus ist, unserm Herrn« (Röm 8,37-39).

»Herr, lehre mich, immer allen Menschen zu vergeben, was sie mir auch angetan haben mögen. Und hilf mir, alle Sünden anderer, die ich schwarz auf weiß aufgezeichnet habe, ins Feuer zu werfen. Danke, daß dein Friede mein Herz ganz und gar ausfüllt, ja, daß es überströmt davon. Halleluja! Amen.«

Bürgerrecht im Himmel

In Philipper 3,20-21 heißt es: »Unser Bürgerrecht aber ist im Himmel; woher wir auch erwarten den Heiland, den Herrn Jesus Christus, der unsern nichtigen Leib verwandeln wird, daß er gleich werde seinem verherrlichten Leibe nach der Kraft, mit der er sich alle Dinge untertan machen kann.«

Als wir wiedergeboren wurden, wurden wir damit in die Familie Gottes hineingeboren, und der Herr Jesus gab uns ewiges Leben – diese Zeit überdauerndes Leben. Er machte uns zu Bürgern des Himmels, des Reiches Gottes.

Wenn wir Kinder Gottes sind, gehört uns dieses Leben, ob wir uns dessen bewußt sind oder nicht. Mein Vater besaß ein sehr stark ausgeprägtes Bewußtsein dieser Tatsache. Nach einem fröhlichen Abend, den wir miteinander verbracht hatten, sagte er oft: »Das war ein kleiner Vorgeschmack des Himmels auf die Freude, die wir dort haben werden.« Er sah das tägliche Leben ganz im Licht der Ewigkeit. Er sagte einmal: »Mein Name steht zwar draußen am Schaufenster, aber eigentlich sollte Gottes Name dort stehen. Ich bin ja nur ein Uhrmacher von Gottes Gnaden.« Fünfundzwanzig Jahre lang habe ich mit ihm zusammengearbeitet und stellte dabei fest: Zuallererst fühlte er sich ständig als Kind Gottes. In Haus *und* Geschäft führt er ein geheiligtes Leben.

Die himmlische Bürgerschaft läßt uns die Beziehung zur Wirklichkeit aber nicht verlieren. In Psalm 24,1 heißt es nämlich: »Die Erde ist des HERRN und was darinnen ist, der Erdkreis und die darauf wohnen.« Wenn ich nur Bürger dieser Zeit wäre, käme ich in Gefahr zu verzweifeln. »Die Zukunft könnte uns einen Atomkrieg bringen«, höre ich sagen. Doch dann gibt es das Wunder zu wissen, daß die Erde »des Herrn ist«. Wir können das mit unserem logischen Denken allein nicht verstehen. Es gehört zu den Geheimnissen Gottes, die man nur im Glauben erfassen kann.

Jesus sagte einmal: »In meines Vaters Hause sind viele Wohnungen. Wenn's nicht so wäre, hätte ich dann zu euch gesagt: Ich gehe hin, euch die Stätte zu bereiten? Und wenn ich hingehe, euch die Stätte zu bereiten, will ich wieder kommen und euch zu mir nehmen, damit ihr seid, wo ich bin« (Joh 14,2-3).

Ja, wir erwarten den Herrn Jesus Christus als Erlöser, und die Zeichen für eine Rückkehr sind recht deutlich – es kann schon bald soweit sein. »Der unsern nichtigen Leib verwandeln wird, daß er gleich werde seinem verherrlichten Leibe nach der Kraft, mit der er sich alle Dinge untertan machen kann« (Phil 3,21).

Ein wenig wissen wir aus der Bibel über den »verherrlichten« Leib Jesu. Der Herr konnte nach seiner Auferstehung einen Raum durch geschlossene Türen betreten. Wir lesen davon im Zusammenhang von Johannes 20. Die Apostel saßen bei verriegelten Türen furchtsam beieinander, als er plötzlich mitten unter ihnen stand. Er aß und trank nach seinem Tod mit seinem neuen Körper. Er legte ganz unwahrscheinliche Entfernungen zurück. Er konnte sich unsichtbar machen.

Lesen Sie nur einmal die Geschichte von den Jüngern, die nach Emmaus gingen. Doch am bedeutsamsten war, daß dieser verherrlichte Leib Jesu von Sünde, Krankheit und Tod nicht mehr angefochten wurde.

Einen solchen »verherrlichten« Leib sollen wir auch bekommen – die Umgestaltung, die Reinigung beginnt schon hier und jetzt. Johannes sagt im Hinblick auf die Wiederkunft des Herrn: »Und ein jeder, der solche Hoffnung auf ihn hat, der reinigt sich, wie auch jener rein ist« (1. Joh 3,3). Wie geschieht das? Das Schauen auf Jesus macht uns zum Spiegel seiner Liebe. In 2. Korinther 3,18 sagt Paulus: »Nun aber schauen wir alle mit aufgedecktem Angesicht die Herrlichkeit des Herrn wie in einem Spiegel, und wir werden verklärt in sein Bild von einer Herrlichkeit zur andern von dem Herrn, der der Geist ist.« Die Kraft Gottes ist stark genug, um uns zu verwandeln – uns kleine, unbedeutende menschliche Wesen – in einer Weise, daß wir dem verherrlichten Leib Christi ähnlich gemacht werden. Er wird sich alle Dinge untertan machen. Das ist unsere großartige Zukunft. In Philipper 2,10 steht: »... daß in dem Namen Jesu sich beugen sollen aller derer Knie, die im Himmel und auf Erden und unter der Erde sind ...«

Wird er dann Ihr Richter oder Ihr Erlöser sein?

Sind wir uns klar darüber, daß wir für diese wunderbare Wirklichkeit geheiligt und ausgesondert sind?

Paulus sagt: »Aus diesem Grund leide ich dies alles; aber ich schäme mich dessen nicht; denn ich weiß, an wen ich glaube, und bin gewiß, er kann mir bewahren, was mir anvertraut ist, bis an jenen Tag« (2. Tim 1,12).

Und das gilt auch für Sie und für mich.

»Danke, Herr Jesus, daß du uns zu Bürgern deines himmlischen Reiches gemacht hast und daß du unseren ärmlichen Leib verwandeln willst, daß er deinem Herrlichkeitsleib ähnlich werde. Danke, Herr, daß das Beste noch vor uns liegt. Amen!«

Mancherlei Reichtümer

Im ersten Buch Mose, Kapitel 24, Vers 10 lesen wir: »So nahm der Knecht zehn Kamele von den Kamelen seines Herrn und zog hin und hatte mit sich allerlei Güter seines Herrn und machte sich auf und zog nach Mesopotamien, zu der Stadt Nahors.« Alle Güter seines Herrn waren in der Hand des Knechtes. Von seinem Herrn Abraham hatte er den Auftrag bekommen, für dessen Sohn Isaak eine Frau zu suchen. Auch wir haben einen Auftrag von unserem Herr Jesus empfangen, nämlich seine Botschaft in die ganze Welt hineinzutragen.

Das Evangelium, seine frohe Botschaft, schließt eine Menge an kostbaren Dingen ein, die wir mit anderen zu teilen haben. wir alle müssen dahin gehen, wohin Gott uns schickt. Jeder Christ hat eine Berufung: Sie an Ihrem – vielleicht ruhigeren – Platz, ich an meinem. Eine ganze Welt muß errettet werden. Lieben Sie den Herrn Jesus? Liebe und Gehorsam gehören zusammen.

Sie haben eine Aufgabe vor sich – erfüllen Sie sie! Sie glauben es nicht zu können? Ich vermag es an meinem Platz auch nicht. Wir haben zu wenig an Kraft und zu wenig an wertvollen Dingen in uns selbst, die wir an andere weitergeben könnten. Aber unser Herr ist ungeheuer reich. Aus diesem Grunde müssen wir uns unser Bankkonto einmal näher ansehen. Wir finden es in der Bibel. Heben Sie alles dort ab, was Sie und andere brauchen. Wir haben viele Menschen um uns, mit denen wir teilen sollten. Und darum brauchen wir all die Schätze des Herrn. »Zuletzt: Seid stark in dem Herrn und in der Macht seiner Stärke « (Eph 6,10).

Wenn Sie davon überzeugt sind, daß der Herr Ihre Stärke ist, dann sagt er zu Ihnen: »Geh hin in dieser meiner – deiner – Kraft!« Das war es, was er dem Gideon sagte. Eine Weinrebe trägt aber nur Frucht, solange sie mit dem Weinstock verbunden ist. So müssen auch Sie und ich mit der Quelle unserer Kraft, mit Jesus, verbunden bleiben.

Ich hoffe, daß Sie, die Sie wissen, daß Sie Christus gehören, es deutlich sehen, welche große Aufgabe vor Ihnen liegt und welche Reichtümer Sie zur Verfügung haben als Kinder Gottes. Aber diese Botschaft gilt ebenso Ihnen, die sich nicht als Kinder Gottes ansehen können. In seinen Augen gleicht Ihr Leben einer Wüste. Doch kann daraus ein blühender Garten des Herrn werden. Was Sie dazu tun können? Was Sie dazu tun müssen? Jesus Ihr Ja geben. Ihn annehmen. Wir lesen im Johannesevangelium 1,12: »Wie viele ihn aber aufnahmen, denen gab er Macht, Gottes Kinder zu werden, denen, die an seinen Namen glauben.« Sie sind dann Arbeitnehmer Gottes. Sie haben eine Aufgabe zu erfüllen.

In der Bibel lesen wir von vielen Schätzen unseres Herrn. Möchten Sie sie kennenlernen? Dann hören Sie dem Meister zu an der Stelle, wo er eine große Schar seiner Anhänger lehrt, die er dann aussendet, damit sie das Licht der Welt werden. Das alles ist nachzulesen in Matthäus 5,6 und 7 – in der Bergpredigt Jesu.

Aber das Zuhören allein genügt nicht. »Darum, wer diese meine Rede hört und tut sie, der gleicht einem klugen Mann, der sein Haus auf Fels baute« (Mt 7,24).

Es gibt ein komplettes Handbuch dafür, das wir immer wieder durcharbeiten müssen – die Bibel. Vielleicht sagen Sie nun: »Aber damit kann ich nichts anfangen. Ich kann die Bibel einfach nicht verstehen.« Das stimmt. Wir können die Bibel von uns aus nicht verstehen. Aber der Herr verspricht: »Ihr werdet die Kraft des Heiligen Geistes empfangen, der auf euch herabkommen wird« (Apg 1,8).

Der Heilige Geist schenkt Ihnen Verstehen und Kraft und Glauben. Er wird Sie auf eine riesige Menge an Schätzen unseres Herrn aufmerksam machen. Er wird Ihnen alles zeigen, was Sie brauchen, um ein fröhliches, siegreiches Kind Gottes zu werden. Sie werden die Wirklichkeit der Aussage aus Apostelgeschichte 1,8 erfahren: »Ihr werdet meine Zeugen sein bis an die Grenzen der Erde«.

In Epheser 1,3 sagt Paulus: »Gelobt sei Gott, der Vater unseres Herrn Jesus Christus, der uns gesegnet hat mit allem geistlichen Segen im Himmel durch Christus.« Und das gilt heute noch! Ist das nicht eine großartige Sache?

»Denn in ihm hat er uns erwählt, ehe der Welt Grund gelegt war, daß wir heilig und untadelig vor ihm sein sollten; in seiner Liebe hat er uns dazu vorbestimmt, seine Kinder zu sein durch Jesus Christus nach dem Wohlgefallen seines Willens, zum Lob seiner herrlichen Gnade, mit der er uns begnadet hat in dem Geliebten. In ihm haben wir die Erlösung durch sein Blut, die Vergebung der Sünden, nach dem Reichtum seiner Gnade« (Eph 1,4-7).

Ich kann nur empfehlen, dieses erste Kapitel des Epheserbriefes weiter zu lesen. Welch eine lange Liste von Schätzen finden wir da! Ja, Jesus ist unser Friede! Bitten Sie den Herrn, daß sein Heiliger Geist Sie zum Lesen der Bibel motiviert und Ihnen die Augen öffnet für die ungeheuren Reichtümer unseres Gottes, die wir der armen, im Tiefsten freudlosen und gequälten Welt weitergeben sollen.

»Danke, Herr Jesus, daß uns deine Schätze immer wieder in die Hände gegeben werden, wenn wir dein Wort lesen. Brauche du uns auch heute dazu, sie an andere weiterzureichen. Mach uns zu wahrhaften Kindern des Lichtes, zum Salz der Erde. Schenke es uns auch, daß wir beständig erleben, wie wunderbar es ist, deinen Reichtum weiterzugeben, du unser treuer, liebender Erlöser, Halleluja! Amen.«

Heiligung

In Uganda gibt es eine Grußformel: »Ich schulde dir nichts! Es steht nichts zwischen uns!«

Wie wird es in unserem Leben sichtbar, daß wir von Gott erwählt sind, daß wir geheiligt sind? Durch unsere Handlungen und unsere Reaktionen. Die oben zitierte Grußformel aus Uganda kann als Test dienen, ob unser Verhalten vor Gott in Ordnung ist.

Jemand schrieb einmal: »Heiligung bedeutet, daß der Heilige Geist, der heilige Gott mein Herz so sehr ausfüllt, daß er mich Jesus angenehm macht.« Ich erinnere mich noch gut daran, daß meine Schwester Betsie während unserer Zeit im Konzentrationslager immer mehr von diesem Geheiligtwerden ausstrahlte. Die große Masse der Gefangenen im Lager stellte ständig eine gewisse Bedrohung dar. Es gab Kriminelle unter ihnen, und alles war so schrecklich schmutzig. Wenn wir irgendwo in einer Gruppe gestanden hatten, mußten wir uns hinterher das Ungeziefer von den Mänteln klauben. Ich fürchtete mich oft vor all dem. Eines Tages, als sich wieder einmal eine solche Menschenmasse in die Baracken drängte, sagte Betsie: »Ich liebe diese Menschen.« Diese Reaktion kam zweifellos aus der Liebe Gottes, es war die Liebe unseres Herrn, der in Betsie lebte. In ihrer eigenen Kraft hätte sie das niemals sagen können.

Wir werden in das Bild Jesu hineingestaltet. Da mag in uns der Gedanke aufsteigen: Wie kann das für mich Wirklichkeit werden? Wie kann ich diese neutestamentliche Erfahrung der Heiligung machen?

Zuallererst ist eine vollständige Auslieferung an Gott notwendig. In Römer 12,1-2 heißt es: »Ich ermahne euch nun, liebe Brüder, durch die Barmherzigkeit Gottes, daß ihr eure Leiber hingebt als ein Opfer, das lebendig, heilig und Gott wohlgefällig ist. Das sei euer vernünftiger Gottesdienst. Und stellt euch nicht dieser Welt gleich, sondern ändert euch durch Erneuerung eures Sinnes, damit ihr prüfen könnt, was Gottes Wille ist, nämlich das Gute und Wohlgefällige und Vollkommene.«

Ein Töpfer kann den Ton nur dann formen, wenn er ihn ganz und gar in der Hand hat. Bedingungslose Hingabe ist unumgänglich. Wenn der Herr zu uns sagt: »Gib mir dein Herz«, und wir tun es, dann müssen wir ihm auch zutrauen, daß er es nimmt. Diese Auslieferung ist nicht nur für die großen Ereignisse in unserem Leben nötig, sondern auch für unser tägliches Leben.

Wenn Sie sich dem Herrn vorbehaltlos anvertraut haben, dann geht er mit Ihnen und ist für immer Ihr Führer und Ihr guter Hirte. Ich möchte das Wort »Führer« betonen. Jemand, der Bergtouren unternimmt, hat den Bergführer nicht nur an steilen und gefährlichen Stellen bei sich, sondern auch, wenn es leicht vorangeht. Er begleitet ihn auf der gesamten Tour. Das gleiche gilt für den Herrn. Er ist immer bei uns, heute und morgen, sei es beim Kochen oder Bügeln, beim Abwaschen oder Aufräumen.

Es kann gut sein, daß es eine Weile lang überhaupt keine Schwierigkeiten gibt. Doch der Herr, unser Führer, ist trotzdem bei uns. Und wir dürfen wissen, daß er uns auch niemals verläßt, wenn Probleme auftauchen. Ich weiß das aus eigener Erfahrung.

Ich habe Jesus angenommen, als ich fünf Jahre alt war, und seitdem hat er mich niemals allein gelassen. Es gibt freilich manche Kämpfe auszufechten, bevor der Friede in unser Herz einzieht. Aber wir stehen in diesem Kampf nicht allein, denn der Heilige Geist ist gegenwärtig. Wenn es schwierig wird, müssen wir ihn um Hilfe bitten. Gott heiligt das, was ihm ausgeliefert worden ist. Wir müssen uns und alles, was uns betrifft und gehört und angeht, ausliefern. Das geschieht durch Gnade. Gott tut dann das, was notwendig ist, um uns zu verwandeln. Anders geht es nicht.

Wenn wir uns ihm übergeben, geschieht folgendes: Gott reinigt das, was er annimmt. Und er macht uns über dem Reinigen ganz leer. Dann füllt er unsere Leere und schließlich gebraucht er, was er gefüllt hat. Auf diese Weise wird sichtbar, daß Jesus Christus in uns wohnt. Die Auslieferung ist niemals das Ende – wie ja auch eine Ehe nicht mit der Trauung endet, sondern ihren Anfang nimmt.

Der Prozeß der »Heiligung« kann uns jedoch in einen neuen Konflikt bringen, und wir müssen an dieser Stelle auf der Hut sein. Der Satan möchte, daß wir bei uns selbst hängen bleiben: daß wir aus uns und für uns selbst das Evangelium weitersagen, daß wir beständig auf *unseren* Glauben und *unsere* Erfahrungen schauen. Und dann sagt er: »Laß es gut sein damit, was du schon erlebt hast.«

Doch wir dürfen nicht stehenbleiben bei dem, was wir einmal erlebt haben. Heiligung ist das Sichtbarwerden des ständig in uns wohnenden Jesus Christus. Das ist ein Prozeß täglicher Auslieferung: ein Einüben in den Glauben, ein Einüben des Gehorsams. Wenn ein Christ mit dem Kompromiß einer nur teilweisen Hingabe lebt, führt er ein schweres Leben. Keiner kann zwei Herren dienen. Wenn Sie dies lesen, sagen Sie vielleicht: »Ja, das leuchtet mir ein. Aber mein Glaube ist einfach nicht so stark.« Doch darauf sollten Sie nicht schauen. Ihr Blick muß am Herrn hängen.

Ich stand in Neuseeland einmal vor einer sehr primitiven Brücke. Wir wußten nicht, ob wir sie mit unserem Auto benutzen konnten. Einer der Männer nahm sie gründlich in Augenschein und erklärte sie für fest genug. Sie war es. Sicher gelangten wir auf die andere Seite. Dieser Mann hatte nicht unser Vertrauen in die Brücke zur Grundlage seines Urteils gemacht, sondern sich die Brücke genau angesehen!

Wie oft neigen wir dazu, auf unseren Glauben zu schauen, und halten ihn dann für stark oder schwach – je nachdem. Doch damit haben wir einfach eine falsche Blickrichtung. Auf »die Brücke« müssen wir schauen – nicht auf uns selbst, sondern auf Jesus. Und dann erkennen wir, daß er stark ist.

Der Heilige Geist läßt uns ganz gewiß nicht allein. Sein Friede will in unseren Herzen regieren. Heiligung beruht auf einer Entscheidung. Der Herr hat uns ausgesondert für seinen Dienst. Es ist ein Weg, der aufwärts führt. Bei einer Bergtour sind wir auch nicht mit einemmal oben auf dem Gipfel. Da heißt es, Schritt für Schritt »den Weg unter die Füße nehmen«. Doch es ist eine wunderbare Sache, wenn wir mit Christus in Gott verborgen und geborgen sind.

»Herr Jesus, wir loben dich und danken dir, daß du unseren Glauben heilst und stärkst, wenn er nicht so ist, wie er sein sollte, und dafür, daß du bereit bist, in uns zu leben. Wir in dir und du in uns – dann werden wir mit dir Sieg haben. Das ist großartig! Wir danken dir für deinen Heiligen Geist. Halleluja!«

Reserviert für Gott

Wenn wir geheiligt werden, reserviert Gott uns für sich, für seinen Dienst und zu seiner Ehre.

Wir alle wissen, daß Heiligung eine wichtige Voraussetzung darstellt, um uns für die Wiederkunft Jesu bereit zu machen. Zuallererst müssen wir – falls wir es bis jetzt noch nicht sind – ein Kind Gottes werden. In dem Augenblick, in dem wir Jesus annehmen, gibt er uns die Macht, ein Kind Gottes zu werden. Dieser Vorgang ist es, den die Bibel »Wiedergeburt« nennt. Wir werden in den Bereich der Herrschaft Gottes hineingeboren, wenn wir Jesus bitten, in unser Leben hineinzukommen. Doch das ist nur der Anfang. Danach beginnt der Prozeß der Heiligung. »Als gehorsame Kinder gebt euch nicht den Begierden hin, denen ihr früher in der Zeit eurer Unwissenheit dientet; sondern wie der, der euch berufen hat, heilig ist, sollt ihr heilig sein in eurem ganzen Wandel. Denn es steht geschrieben (3. Mose 19,2): ›Ihr sollt heilig sein, denn ich bin heilig‹« (1. Petr 1,14-16).

Heiligung ist das beständige Wirken des Heiligen Geistes, durch das er den sündigen Menschen reinigt und sein ganzes Wesen erneuert. Er gestaltet es nach dem Bild Gottes und befähigt den Menschen, gute Werke zu tun. Heiligung hat etwas zu tun mit Identifikation. Wir identifizieren uns dabei mit dem Herrn Jesus.

Dazu fällt mir ein Erlebnis aus der Zeit des Nazi-Regimes ein. Die Juden waren damals verpflichtet, einen gelben Stern auf ihrer Kleidung zu tragen. Es war eine schreckliche Verordnung und bedeutete den Beginn der sogenannten »Endlösung«, der Vernichtung der Juden. Später brachte man sie dann alle in Konzentrationslager. Mein Vater empfand eine so große Liebe zu den Juden, daß er eines Tages verlangte: »Näht mir auch solch einen gelben Stern auf meinen Mantel!« Er wollte sich unbedingt mit den Juden identifizieren, obwohl uns allen klar war, daß er ihnen dann nicht mehr so gut helfen konnte wie vorher. Identifikation mit jemandem heißt, ihm ähnlich zu werden. Der Herr Jesus sagte: »Ich bin der Weinstock, ihr seid die Reben. Wer in mir bleibt und ich in ihm, der bringt viel Frucht; denn ohne mich könnt ihr nichts tun« (Joh 15,5).

Ich denke, daß ein wesentlicher Teil der Heiligung darin besteht, daß wir verstehen und akzeptieren, daß uns unsere Sünden vergeben sind. Theologisch ist uns das klar, und theoretisch glauben wir das auch, aber wir empfinden es nicht immer als Realität.

Ein kleines Mädchen zerbrach einst eine Teetasse von einem wertvollen alten Service, das ihrer Mutter gehörte. Tief traurig darüber las die Kleine die Stücke zusammen und brachte sie zur Mutter. Diese meinte: »Ich sehe, daß es dir schrecklich leid tut. Ich vergebe dir die Geschichte. Wirf die Scherben in die Mülltonne.« Am nächsten Tag sah das Mädchen diese Stücke in der Tonne liegen. Sie holte sie wieder heraus und ging erneut zur Mutter: »Mutti, schau hier, gestern habe ich das kaputt gemacht.«

Doch die Mutter sagte: »Laß das in der Mülltonne liegen und denk nur noch daran, daß ich dir vergeben habe.«

Geht es uns nicht oft so, daß wir nicht recht an die vollständige, wirklich geschehene Vergebung glauben? Haben Sie schon ein zweites Mal für die gleiche Sünde um Vergebung gebeten? Dann sind Sie genauso töricht wie das kleine Mädchen. Wir müssen die Vergebung erbitten, glauben, daß sie geschehen ist und uns dann in der Kraft, die Gott schenkt, von der Sünde abwenden. Dieses Sich-Distanzieren von der Sünde ist ein Teil der Heiligung.

Unsere Heiligung ist Gottes Wille, das ist klar. Aber lieben wir vielleicht irgendeine Sünde so sehr, daß wir uns nicht davon abwenden können? Dann sollten wir auf der Hut sein: »Denn der Sünde Sold ist der Tod; die Gabe Gottes aber ist das ewige Leben in Christus Jesus, unserm Herrn« (Röm 6,23).

Wenn wir den Herrn Jesus und seine Vergebung und seine Heiligung annehmen, ist es, als ob er uns aus einem Teufelskreis heraushebt und uns in eine Sphäre des Segens hineinstellt. In dem Teufelskreis tun wir Böses, bemühen uns nach Kräften, damit aufzuhören, haben eine Weile Erfolg und stolpern dann wieder, weil uns die Kraft zum Durchhalten fehlt. Der Grund dafür liegt darin, daß der Satan stärker ist als wir. Wir alle kennen diesen Kampf, der uns in die Verzweiflung treibt.

Der Herr Jesus versetzt uns in einen Bereich, der unter seinem

Segen steht. Dann kämpfen wir mit ihm zusammen gegen die Sünde. Dann ist der Eine bei uns, der immer und überall Sieger ist. Wir sündigen sogar als Kind Gottes noch. Aber dann erfaßt uns die Reue. Und wenn wir dann um Vergebung bitten, reinigt uns der Herr durch sein Blut und füllt uns mit dem Heiligen Geist.

Dieses Erfülltsein mit dem Heiligen Geist ist gerade das Gegenteil von einem Leben in Sünde. In Galater 5,22-23 werden die Früchte des Geistes aufgezählt: »Liebe, Freude, Friede, Langmut, Freundlichkeit, Güte, Treue, Sanftmut und Selbstbeherrschung.« Das Wachsen dieser Früchte ist Heiligung – der wunderbare Prozeß, den der Heilige Geist in uns bewirkt.

Im Epheserbrief in Kapitel 6 wird von den Waffen Gottes gesprochen. Das läßt erkennen, daß wir den Sieg nicht ein für allemal in der Tasche haben. Wenn man genau in den Text sieht, wird deutlich, daß es der Herr selbst ist, um den es dabei geht. Er ist unser Friede. Er ist unsere Wahrheit. Er in uns, wir in ihm. Es wird auch dann nicht ohne Kampf abgehen, doch nun gehören wir in die Segenssphäre hinein. Der Satan greift uns an. Wir mögen fallen – aber wir können uns auch wieder erheben. Es ist Vergebung möglich und Reinigung. Der Weg führt nach oben, und wir werden von einem Sieg zum andern gelangen. Der Herr Jesus ist es, der uns zu Überwindern macht.

»Danke, Herr, daß du uns aus dem Teufelskreis der Sünde und des Fallens herausgeholt hast. Danke, daß du uns in den Machtbereich der Vergebung, der Erlösung und der Heiligung versetzt hast. Halleluja!«

Das Werk, das getan werden muß

Der Herr Jesus sagte: »Wie mich der Vater gesandt hat, so sende ich euch« (Joh 20,21).

Aus welchem Grund, mit welchem Ziel hat der Vater Jesus gesandt? Um zu suchen und zu retten, was verloren war. Aus welchem Grund sind wir Christen noch in der Welt? Um das Verlorene zu suchen und es zum Herrn zurückzubringen. Das ist eine der herrlichsten Aufgaben, vor die der Herr uns stellt. Es ist ein Auftrag, der jedem Kind Gottes gilt, denn der Herr sagt: »Ihr seid das Licht der Welt« (Mt 5,14) und »das Salz der Erde« (Mt 5,13). Und in Matthäus 28,19 gibt er den Auftrag, alle Menschen zu Nachfolgern zu gewinnen: »Darum gehet hin und machet zu Jüngern alle Völker: Taufet sie auf den Namen des Vaters und des Sohnes und des Heiligen Geistes ...«

Sind Sie Christ, ein Kind Gottes, zu dem der Herr in dieser Weise reden kann? Wenn nicht, dann warten Sie nicht, bis Ihre letzten Lebenstage gekommen sind, sondern sagen Sie heute: »Herr, nimm mein Leben und mach etwas zu deiner Ehre daraus.«

Dann wird der Herr Sie gebrauchen, um seine frohe Botschaft durch Sie an andere gelangen zu lassen. Es ist ein wunderbares Vorrecht, daß wir aktiv daran beteiligt sein dürfen und daß wir dabei nicht aus unserer eigenen Kraft handeln müssen. Wir brauchen den Herrn nur zu bitten, und dann handelt *er*. Dann macht er uns zum Spiegel seiner Liebe. Ein Spiegel wird von sich aus nicht aktiv: Auch wir, Sie und ich, brauchen nicht viel zu tun. Wir müssen bloß den Blick auf Jesus richten, und dann macht er uns zu einem Spiegel seiner selbst. Und er versagt ganz bestimmt nicht. Er liebt ja die Verlorenen und sehnt sich nach ihnen.

Wenn wir ihn durch uns sprechen lassen, dann kommt diese Liebe auch in unsere Herzen. Das ist eine großartige Sache.

Jeder von uns kann in irgendeiner Weise Zeuge Jesu sein. Der Herr möchte uns alle dafür einsetzen, um andere zu ihm zu führen. Das mag manchmal schwierig sein und unter Umständen sogar gefährlich. In Ländern ohne Freiheit kann es dahin kommen, daß Christen für den Herrn sterben müssen. Es gibt heute viele Märtyrer, die wegen ihres Bekenntnisses zum Herrn verhaftet oder getötet werden.

Im Konzentrationslager kam ein Tag, an dem man mir sagte, ich sei frei und könne gehen, wohin ich wolle. Ich stand vor dem eisernen Tor und wußte: In dem Augenblick, wo es sich öffnet, ist es soweit. In diesem schrecklichen Lager hatte Gott es mir geschenkt, daß ich sein Evangelium an viele Frauen weitergeben konnte. Eine ganze Anzahl von ihnen hatte den Herrn Jesus gefunden. Viele starben mit seinem Namen auf den Lippen. Der Herr hatte meine Schwester Betsie und mich dazu benutzt, ihnen den Weg zu zeigen. Während ich noch wartend dastand, kam jemand zu mir und sagte: »Corrie, heute sind Frau de Boer und Frau de Goede gestorben.«

Ich warf einen letzten Blick auf das Lager und sagte: »Danke Herr, daß du mich hierher gebracht hast, wenn es auch nur um diese beiden Frauen gegangen wäre, die für alle Ewigkeit gerettet sind, weil sie den Weg zu dir gefunden haben. Dazu hast du Betsie und mich gebraucht. Herr, schon allein diese beiden waren all das Leiden wert, auch Betsies Tod.«

Das Leben und das Sterben lohnen sich, wenn Gott uns dazu gebraucht, andere Menschen für ewig zu Geretteten zu machen. Und Gott hat Verwendung für einen jeden von uns.

»Herr, ich danke dir – wir alle danken dir –, daß du uns bei diesem großen Werk dabeihaben willst. Das Licht soll in die Finsternis fallen, und du willst uns dazu gebrauchen. Danke, Herr, daß du mein Leben benutzen willst – vielleicht gerade bei der täglichen Routinearbeit. Vielleicht willst du mich aber auch mit einem bestimmten Auftrag als Evangelist oder Missionar oder Pastor zu den Menschen schicken. Danke, Herr, daß unsere Zeit auf jeden Fall in deiner Hand steht, wohin und wozu du uns auch berufen magst. Du bist das Licht der Welt, und du machst auch uns zum Licht der Welt. Halleluja! Amen.«

Wie geschieht Erweckung?

Der Evangelist Gypsy Smith wurde eines Tages von jemand gefragt: »Was kann ich tun, damit in meiner Gemeinde eine Erweckung geschieht?« Smith antwortete: »Gehen Sie in Ihr Zimmer, nehmen Sie ein Stück Kreide, ziehen Sie auf dem Boden einen Kreis und knien Sie mitten darin nieder. Dann beten Sie: ›Herr, schenke meiner Gemeinde eine Erneuerung und beginne damit im Zentrum dieses Kreises.‹«

Unsere Heiligung ist Gottes Wille. Der Herr Jesus sagt sehr deutlich, daß wir von neuem geboren werden müssen, um ein Kind Gottes zu werden, und daß wir unsere Sünden zum Herrn bringen müssen.

Jeder Mensch kann ein Kind Gottes werden. Das, was am Kreuz geschah, war ein vollkommenes Werk der Erlösung und gilt jedem, der daran glaubt. Wir brauchen nichts weiter zu tun, als Jesus von ganzem Herzen unser Ja zu geben. Dann läßt er das Wunder geschehen, daß wir Gottes Kinder werden. Das ist aber erst der Anfang. Danach werden wir in einer wunderbaren Weise berufen. Wir gehören zur Kampftruppe Jesu. »Denn woran soll erkannt werden, daß ich und dein Volk vor deinen Augen Gnade gefunden haben, wenn nicht daran, daß du mit uns gehst, so daß ich und dein Volk erhoben werden vor allen Völkern, die auf dem Erdboden sind?« (2. Mose 33,16).

Das galt einem Volk, das Gottes Eigentum war. Ein von Gott beschlagnahmter Mensch hat in Gottes Augen Gnade gefunden, und Gott geht mit ihm. Ist das nicht großartig? Wir werden niemals allein sein, was auch geschehen mag. Von daher wird auch verständlich, daß ein ungeheiligter Christ sich außerhalb des Bereichs des göttlichen Willens befindet – für Gott ein Anlaß zur Sorge. Wir müssen uns klarmachen, daß wir nicht für unsere Ausgangssituation als Christen verantwortlich sind, wohl aber für das, was wir bleiben, was wir beibehalten und festhalten.

Reinigung oder Heiligung ist eine ernsthafte und gründliche Angelegenheit. Da gibt es keinen Raum für Kompromisse. Jemand sagte einmal: »Mein Finger ist zwar sehr schmutzig, aber er zeigt auf Jesus.« Das kann am Anfang so sein, aber es sollte nicht dabei bleiben. Wenn Sie auf Jesus zeigen und zu ihm hingehen, dann möchte er den schmutzigen Finger ganz und gar säubern. Ein Taschendieb erklärte irgendwo: »Ich bin jetzt Christ geworden. In der Vergangenheit habe ich fünfzig oder sechzig Uhren pro Woche gestohlen. Jetzt lasse ich nur noch fünf oder sechs mitgehen.«

So geht es nicht! Wir mögen über den Taschendieb lächeln, aber ähneln wir ihm nicht oft genug? Wir stehlen natürlich nicht, und wir betrügen auch niemanden – bloß bei den Steuern helfen wir ein bißchen nach. Wenn man es geschickt anfängt, macht es doch nichts aus, oder? Doch, es ist auf keinen Fall vor Gott in Ordnung. Nichts von alledem ist in Ordnung.

Es ist möglich, ein gereinigtes und heiliges Leben zu führen, weil der Herr mit uns ist. Gibt es eine nicht bekannte Sünde in Ihrem Leben, und sei sie noch so unbedeutend, eine Sünde, die Sie noch nicht bereut haben? Bitte erkennen Sie, daß die Bibel sehr klar sagt, was mit unserer Sünde geschehen soll. Da wird uns ein wunderbarer Weg gezeigt.

Ich werde niemals ein Mädchen in Brasilien vergessen, das mir von seinen Zweifeln erzählte: »Früher sagte ich ja zu Jesus und dachte, daß ich damit ein Kind Gottes geworden sei. Aber ich muß zugeben, daß ich heute überhaupt nicht mehr an die Bibel glaube. Ich glaube nicht mehr, daß es einen Gott gibt. Genau genommen glaube ich überhaupt nichts mehr.«

Ich las ihr aus der Bibel vor – daß der Herr Jesus selbst gesagt hat, daß der Heilige Geist uns von unserer Sünde überführen wird, daß er aufdecken wird, was Gerechtigkeit und Gericht ist. Von der »Sünde, daß sie nicht an mich glauben« (Joh 16,9).

Nicht an Jesus zu glauben ist die erste Sünde, aus der viele andere entstehen. Nach einer Weile sagte sie: »Oh, jetzt sehe ich plötzlich klar! Diese Sünde habe ich tatsächlich begangen – die Sünde des Zweifels!«

Ich fragte sie: »Wissen Sie, was man mit Sünde macht?«

»Ja natürlich! Ich habe doch in der Bibel gelesen.«

»Wollen Sie das jetzt tun? In 1. Johannes 1,9 steht: ›Wenn wir aber unsre Sünden bekennen, so ist er treu und gerecht, daß er uns die Sünden vergibt und reinigt uns von aller Ungerechtigkeit.‹«

»Ja, das will ich tun!« Sie faltete ihre Hände und sagte: »Herr, willst du mir bitte helfen, nicht mehr zu zweifeln?«

Doch das ist keine Bitte um Vergebung. So wird das Problem der Sünde nicht gelöst! Zuerst müssen wir um Vergebung bitten und gereinigt werden, und dann können wir den Herrn um Hilfe bitten. Sie sah das ein und stellte sich demütig unter die biblische Aussage. Nun sagte sie: »Herr, ich habe eine große Sünde begangen. Ich habe an dir gezweifelt und an allem, was die Bibel sagt. Bitte vergib mir.« In dem Augenblick, in dem sie das aussprach, wurde ihr die Vergebung zuteil.

Ich sagte: »Nun können Sie auch das andere Gebet sprechen. Zuerst kommt das Bekennen der Schuld, dann dürfen wir dem Herrn vertrauen, daß er seine starke Hand auf unsere schwache legt.«

In 1. Petrus 1,17-19 steht: »Und da ihr den als Vater anruft, der ohne Ansehen der Person einen jeden richtet nach seinem Werk, so führt euer Leben, solange ihr hier in der Fremde weilt, in Gottesfurcht; denn ihr wißt, daß ihr nicht mit vergänglichem Silber oder Gold erlöst seid von eurem nichtigen Wandel nach der Väter Weise, sondern mit dem teuren Blut Christi als eines unschuldigen und unbefleckten Lammes.«

Welch eine ernste Sache ist doch die Heiligung! Wir sind mit dem Blut Christi erkauft – ein sehr hoher Preis. Wie könnt ihr, die ihr Christen seid, euch so verhalten, als ob ihr euch selbst gehörtet? Vergeßt nicht, daß ihr auf Golgatha jedes Recht auf euch selbst verloren habt. Wir sind freigekauft, gehören jetzt zum Kapital Gottes und werden von ihm eingesetzt. Jesus hat den Preis bezahlt. Zeigen wir uns dieses Preises wert!

»Danke, Herr, daß du den Preis bezahlt hast. Bitte höre uns, wenn wir jetzt sagen: Ich weiß, daß du am Kreuz für mich starbst. Ich liefere mich dir vollständig aus. Danke, Herr Jesus. Amen.«

Seid allezeit wachsam

»Hütet euch aber, daß eure Herzen nicht beschwert werden mit Fressen und Saufen und mit täglichen Sorgen und dieser Tag nicht plötzlich über euch komme wie ein Fallstrick; denn er wird über alle kommen, die auf der ganzen Erde wohnen« (Lk 21,34-35).

Die Sorgen dieses Lebens können uns so in Unruhe halten, daß der Tag des Herrn, ohne daß wir es merken, wie eine Falle, in die wir hineintappen, über uns kommt. Doch sind es nicht nur die Sorgen, die uns gefangennehmen, sondern auch die erfreulichen Dinge – der Erfolg in einem neuen Arbeitsbereich, ein neuer Pelzmantel, eine Urlaubsreise, ein Bibelseminar. Selbst solche an sich guten Dinge können uns vom Herrn fernhalten.

Als während des zweiten Weltkrieges unser Leben in akuter Gefahr war – sei es durch Bomben oder im Gefängnis –, kam es uns oft so vor, als könnten wir plötzlich die Situation von der Warte Gottes her sehen. Unsere Perspektive hatte sich geändert, weil wir bis zu einem gewissen Grad mit Tod und Ewigkeit in Berührung kamen. Wir sahen mit einem Mal kleine Dinge als klein und große als groß an. Es kam alles in die rechten Proportionen.

In der Bibel heißt es: »So seid allezeit wach und betet, daß ihr stark werdet, zu entfliehen diesem allen, was geschehen soll, und zu stehen vor dem Menschensohn« (Lk 21,36).

Seien wir wachsam – auch heute.

Es ist eine wunderbare Sache, daß wir bereit sein können – Sie und ich und jeder, der zu Jesus gehört. Es ist eine Frage der völligen Hingabe an ihn, der gesagt hat: »Kommt alle zu mir ... Ich werde euch Ruhe verschaffen« (Mt 11,28) und »Ich bin bei euch alle Tage bis zum Ende der Welt« (Mt 28,20).

Er liebt uns und sehnt sich nach uns. Er selbst will uns für sein Kommen vorbereiten.

In 1. Korinther 1,8 heißt es: »Der wird euch auch fest erhalten bis ans Ende, daß ihr untadelig seid am Tag unseres Herrn Jesus Christus.«

Und Vers 9: »Denn Gott ist treu, durch den ihr berufen seid zur Gemeinschaft seines Sohnes Jesus Christus, unseres Herrn.«

Im 1. Thessalonicherbrief, Kapitel 3,12-13 können wir nachlesen: »Euch aber lasse der Herr wachsen und immer reicher werden in der Liebe untereinander und zu jedermann, wie auch wir sie zu euch haben, damit eure Herzen gestärkt werden und untadelig seien in Heiligkeit vor Gott, unserm Vater, wenn unser Herr Jesus kommt mit allen seinen Heiligen. Amen.«

Mein Vater machte oft so großartige Aussagen, die er uns immer wieder wiederholte – doch nie zu oft. Zum Beispiel sagte er von Jesus:

»Wenn er uns bei der Hand nimmt, hält er uns fest. Wenn er uns festhält, geht er vor uns her. Wenn er uns führt, bringt er uns eines Tages sicher nach Hause.«

Ist das nicht wunderbar? Legen Sie Ihre Hand jetzt, in diesem Augenblick, in seine Hand!

»Danke, Herr Jesus, daß du am Kreuz unsere Sünden und die der ganzen Welt trugst und daß du jeden zu deinem Kind machen möchtest, der das für sich in Anspruch nehmen will. Danke, daß du selbst uns durch deinen Heiligen Geist für dein Wiederkommen bereitmachen willst und daß du willst, daß wir einander voller Liebe begegnen. Danke, daß du unsere Herzen stärken willst. In diesen turbulenten Tagen brauchen wir das. Danke, daß du uns für den herrlichen Tag zubereiten willst, an dem wir dich sehen werden – von Angesicht zu Angesicht. Komm bald, Herr Jesus! Amen.«

Fürchten Sie sich vor vorbehaltloser Hingabe?

Am Anfang eines Christenlebens steht das, was wir Bekehrung nennen – die Hinwendung zum Herrn Jesus. Bis dahin haben wir Gott den Rücken zugewandt. Nun drehen wir uns um hundertachtzig Grad. Das ist der erste, wunderbare Schritt. Und dann macht Jesus uns zu einem Kind Gottes.

Doch dann muß das Kind wachsen. Und das bedeutet, daß wir unsere schwache Hand immer wieder in die starke Hand Jesu legen müssen, der mit uns gehen und uns führen möchte. Ihre Situation, Ihre Familie, Ihre Arbeit, Ihre Sorgen, Ihre Probleme, auch Ihr Leiden dürfen Sie an ihn abgeben, ihm überlassen.

Es gab eine Zeit, da fürchtete ich mich, ihm alles so auszuliefern. »Ich wage es einfach nicht«, sagte ich. »Man weiß gar nicht, welche Konsequenzen das haben könnte. Ich weiß auch nicht, wie ich das machen sollte, und mir fehlt der Mut dazu.«

Wie schrecklich ist es, so von unserem Herrn zu denken – Angst zu haben vor den Konsequenzen seines Handelns! Dann lernte ich etwas, das ich an alle weitergeben möchte, denen es genauso geht wie mir früher: Sie brauchen es gar nicht in Ihrer eigenen Kraft oder aus Ihrem starken Willen zu tun. Gott möchte es in Ihnen bewirken – beides, das Wollen und das Vollbringen.

In aufrichtigem Gebet wird uns die Antwort geschenkt. Gott, der so mächtig und voller Liebe ist, möchte selbst in uns wirken, um alles Unrechte wegzunehmen. Ihm sollen wir ausliefern, was an schlimmen Gedanken und unguten Taten in uns steckt.

Dann kommt es dahin, daß wir zu beten beginnen: »Mein Gott, mache mich willig, von dir willig gemacht zu werden.«

Dies Gebet hörte ich zum erstenmal in Neuseeland. Ein Theologiestudent hatte sich beim Schwimmen die Halswirbelsäule gebrochen. Querschnittslähmung war die Folge – vom Hals bis zu den Zehen. Er war sehr intelligent und half mir, das Buch zu korrigieren, das ich auf englisch geschrieben hatte. Eines Abends sprachen wir darüber, daß er selbst ein so schreckliches Erleben in die Hand Gottes legen und ihm überlassen könnte. Ich erzählte ihm, daß meine Schwester Betsie im Konzentrationslager einmal gesagt hatte: »Wir dürfen jetzt mit unserem Denken und Reden nicht an der Vergangenheit hängenbleiben und ebensowenig uns nur damit beschäftigen, wie es sein wird, wenn wir wieder frei sind. Wir müssen vielmehr unsere gegenwärtige Situation vollständig dem Herrn ausliefern. Nur dann werden wir in der Lage sein, dieses Leben zu akzeptieren.«

In der folgenden Nacht hörte ich den jungen Mann beten: »Herr, mache mich willig, willig gemacht zu werden, dir alles zu überlassen, mein ganzes Leben und auch meine Querschnittslähmung.« Am nächsten Morgen strahlte sein Gesicht vor Frieden und Freude.

Wenn es etwas gibt, das Sie dem Herrn nicht auszuliefern wagen, oder wenn Sie glauben, es nicht zu können, dann beten Sie ebenso: »Herr, bereite du mich zu, daß ich willig werde, dir mein Leben vollständig und ohne jede Einschränkung zu übergeben.« Wenn Sie auf diese Weise beten, wird Ihr Erlöser, der Sie ja liebt, Ihre Bitte erfüllen.

Das Leben Jesu war von solcher vollkommenen Auslieferung geprägt. Er erkaufte uns mit einem sehr hohen Preis. Er lebt nun in unserem Herzen durch seinen Heiligen Geist. Er sehnt sich danach, uns zu helfen. Mit unserer Ängstlichkeit und mangelnden Bereitschaft schränken wir seine Möglichkeiten ein. Wir wollen ihm vertrauen und ihm auch nicht den kleinsten Teil von uns und unserem Leben vorenthalten.

Im Deutschen gibt es ein Loblied, in dem es heißt: »... Ich will, anstatt an mich zu denken, ins Meer der Liebe mich versenken.«

Das ist Übergabe. Es gibt nichts Herrlicheres – doch nun nicht ich, sondern »Er«. Sobald wir uns in solch völliger Auslieferung in die Arme Jesu werfen, werden wir vom Meer der Liebe Gottes umgeben und erfüllt.

Es ist der Herr selbst, der uns zu solcher vollständigen Übergabe unseres Lebens helfen will. Der Heilige Geist sagt uns, daß wir mit dieser Bitte zu unserem Herrn kommen dürfen. Doch selbst wenn wir das getan haben, tauchen oft noch Zweifel in uns auf: »War es echt; war es radikal genug?« Es gibt eine sehr schöne Stelle in der Bibel, die mir besonders geholfen hat. Jesus sagt dem Vater, der mit seinem von einem bösen Geist besessenen Jungen zu ihm kommt: »Alles kann, wer glaubt« (Mk 9,23). Und dann rief dieser Mann aus: »Ich glaube, hilf meinem Unglauben« (Mk 9,24).

Vielleicht neigen wir dazu, einen solchen Glauben als ziemlich wertlos anzusehen, doch er war stärker als der Satan, und der Dämon wurde ausgetrieben.

Wenn Sie nun zu Jesus kommen und sagen: »Herr, ich weihe mich dir in einer vollständigen Übergabe«, dann mag das mit zitterndem Herzen geschehen. Vielleicht fühlen wir nicht das Geringste an Kraft und empfinden keinerlei Gewißheit. Aber wir werden siegen. Kommen Sie, wie Sie sind, und die Kraft des Heiligen Geistes wird in Ihnen zu wirken anfangen.

Denken Sie an den Herrn Jesus in Gethsemane. Der Heilige Geist stärkte ihn, so daß er sich dem Willen des Vaters völlig überlassen konnte, aber welche Bedrängnis, welche Furcht war über ihn gekommen! Wenn Sie sich schwach fühlen und sich ängstigen, vertrauen Sie nur auf das Werk des Heiligen Geistes, und überlassen Sie sich ihm vollständig. Vertrauen Sie fest darauf, daß Gott Sie akzeptiert.

Blicken Sie auf ihn! Schämen Sie sich nicht, Ihre Sorge auszusprechen: »Herr, ich verstehe dich nicht ganz, aber ich akzeptiere deine Bedingungen. Ich muß und will mich vollständig ausliefern, so daß du mich segnen und mich für andere zum Segen werden lassen kannst.« Wenn Sie in Ihrem Herzen so sprechen – wenn auch mit Furcht und Zittern – dann können Sie sicher sein, daß Gott darauf eingeht. Er hört uns. Er »notiert« eine solche Willensäußerung, und von diesem Augenblick an ergreift er völlig Besitz von Ihnen. Vielleicht fühlen Sie nichts dabei und merken auch nichts davon, aber nun gehören Sie ihm uneingeschränkt.

Wir können über alles mit ihm reden. Sagen Sie ihm nur alles, was Sie bewegt – daß Sie Zweifel haben, daß Sie vieles nicht verstehen, oder was es auch sein mag. Sie gehören ihm. Und dann dürfen Sie nicht nur reden, sondern müssen auch auf seine Stimme hören.

Folgende alte Geschichte von einer verlorenen Brosche hat mir sehr geholfen. In einem Theater war das wertvolle Schmuckstück abhanden gekommen. Die Eigentümerin bemerkte den Verlust erst zu Hause. Früh am nächsten Morgen rief sie den Portier des Theaters an und fragte, ob das Schmuckstück eventuell gefunden worden sei.

»Nein«, sagte der Mann, »aber wo haben Sie gesessen? Ich werde sofort gehen und nachschauen. Vielleicht liegt die Brosche ja noch unter dem Sitz.«

»Ich saß auf dem zweiten Platz in der fünften Reihe.«

Der Mann ging nachsehen und fand das Schmuckstück. Er nahm den Hörer wieder auf und sagte: »Ja, ich kann Ihnen die erfreuliche Nachricht geben, daß ich das vermißte Stück gefunden habe! – Hallo? Hallo?« Es kam keine Antwort. Die Dame hatte ungeduldig eingehängt und erfuhr niemals, daß ihr Schmuckstück wieder da war.

Der Heilige Geist lehrt uns, viel vom Herrn zu erwarten. Hören Sie auf den Herrn. Wenn Sie seine Stimme nicht immer gleich vernehmen, warten Sie geduldig. Er ist ein guter Hirte, und ein solcher spricht zu seinen Schafen. Das Warten auf den Herrn birgt einen eigenen Segen in sich. Er liebt Sie, und er möchte Ihnen vieles sagen!

»Herr Jesus, danke, daß wir uns nicht immerzu weiter abmühen müssen, denn du selbst willst durch deinen Heiligen Geist in uns wirken. Danke, daß du uns so sehr liebst. Bitte vergib, daß wir oft so wenig Zeit und Geduld aufbringen, um dir zuzuhören. Danke, daß du alles tun willst, was wir nicht tun können. Zeige uns, wie wir uns dir vollständig zur Verfügung stellen können. Danke, daß du uns annimmst, wenn wir uns dir ausliefern. Halleluja!«

Gesegneter Schlaf

Haben Sie in der vergangenen Nacht gut geschlafen?

In der Bibel heißt es, daß Gott seinen Kindern den Schlaf schenkt. Das habe ich als Gefangene im KZ Ravensbrück erlebt. Welch ein Segen war es, wenn man in dieser Situation schlafen konnte! Es war die einzige Zeit, in der wir unser Elend vergessen konnten. Das Erwachen war jedesmal bitter, weil wir dann der schrecklichen Wirklichkeit wieder aufs neue gegenüberstanden.

In der Zeit, die ich in Einzelhaft verbringen mußte, war der Morgen für mich die schlimmste Zeit des Tages. Bald lernte ich es, unmittelbar nach dem Aufwachen zu singen: »Steht auf, steht auf für Jesus!« Das gab mir neuen Mut, um dem Tag ins Auge zu blikken. Und eines Morgens hörte ich aus einer anderen Zelle eine Stimme antworten – auch mit einem Lied, als ob es heißen sollte: »... diesen Jesus kenne ich auch.« Das war spürbarer Segen Gottes!

Die Bibel berichtet von einem Mann, der in den merkwürdigsten Situationen einschlief – Petrus. Das erstemal geschah das auf dem Berg der Verklärung. Können wir uns vorstellen, daß wir einschlafen würden, wenn so wunderbare Dinge um uns herum passierten? Man könnte sagen, daß das noch ein Zeichen geistlicher Unreife war. Auch die Reaktion beim Erwachen war es. Petrus wollte nämlich sofort für Jesus, für Mose und Elia eine Hütte bauen, als ob sie alle auf einer Ebene stünden. Doch aus dem Plan des Jüngers wurde nichts.

Später schlief Petrus im Garten Gethsemane ein, als Jesus ihn dringend nötig hatte. Selbst als der Herr ihn tadelte, schlief Petrus erneut ein. Das war ein Schlaf der Untreue.

Diese Beispiele zeigen, wie der Satan den Schlaf benutzen kann, um uns Niederlagen beizubringen. Was waren Ihre letzten Gedanken, bevor Sie gestern schlafen gingen? Ich habe festgestellt, daß das Einschlafen überm Bibellesen oder Beten eine wunderbare

Gemeinschaft mit dem Herrn selbst bis in die Träume hinein zur Folge hat.

Träume können ein Angriffspunkt des Satans sein, weil wir sie nicht kontrollieren können. Bevor ich schlafen gehe, bete ich oft: »Herr, fülle mein Unterbewußtsein durch deinen Heiligen Geist mit deinem Frieden und deiner Liebe.« Und immer wieder habe ich es erlebt, daß der Herr darauf antwortete und einen wundervollen Schlaf schenkte.

Auch auf meinen vielen Reisen war, was den Schlaf anging, ich auf die Hilfe des Herrn immer aufs neue angewiesen. Zeit- und Klimaunterschiede nach langen Flügen machten mir zu schaffen, auch die ungewohnte Atmosphäre, die mir in fremden Ländern begegnete. Gewöhnlich brauchte mein alter Körper zwei Tage, um sich auf die veränderten Verhältnisse einzustellen.

Einst führte mich mein Weg in die Sowjetunion, in Richtung Sibirien. In Usbekistan sollte ich in verschiedenen Versammlungen sprechen. Von Holland aus gesehen, ergab sich dabei eine Zeitdifferenz von fünf Stunden. Bei der Ankunft sagte ich meinen Gastgebern, daß ich wohl kaum vor dem nächsten Tag in der Lage sein würde, öffentlich zu sprechen.

»Oh, wir haben aber bereits zwei Versammlungen angesetzt«, lautete die Antwort.

»Nun gut«, stimmte ich zu, »aber dann muß ich wenigstens zwischendurch ruhen.«

Nach der ersten Zusammenkunft brachten sie mich in eine Wohnung, wo ich ein herrliches Bett mit vielen Kissen und einer spitzenbesetzten Decke darüber vorfand. Ich schlief großartig.

Nach der zweiten Versammlung brachte man mich zum Schlafen in ein anderes Haus. In dem Zimmer, in das man mich führte, standen zwei Betten. In einem lag eine alte Frau. Ich stellte fest, daß sie Deutsch sprach und erlebte die Freude, daß der Herr mich gebrauchte, sie zu ihm zu führen. Sie nahm ihn als ihren Erlöser an. Was dann folgte, war ein wirklich gesegneter Schlaf!

»Danke, Herr, daß du uns Ruhe schenkst, damit wir dir dienen können, wenn wir wach sind. Wir vertrauen dir die Ruhezeit an, die wir nötig haben und bitten, daß du uns vor dem Bösen bewahrst. Und wenn dein Werk es erfordert, daß wir unsern Schlaf opfern, dann erinnere uns daran, daß du unsere Stärke bist. In Jesu Namen, Amen!«

Wie kommt es eigentlich, daß Menschen unter den Einfluß oder auch ganz in die Gewalt von Dämonen kommen?

Oft findet man die Ursache für dämonische Besessenheit in einer Sünde, die mit dem Okkultismus zusammenhängt. Besonders augenfällig ist das, wenn Wahrsagerei im Spiel ist. In 5. Mose 18, 10-13 heißt es:

»... daß nicht jemand unter dir gefunden werde, der seinen Sohn oder seine Tochter durchs Feuer gehen läßt oder Wahrsagerei, Hellseherei, geheime Künste oder Zauberei treibt oder Bannungen oder Geisterbeschwörungen oder Zeichendeuterei vornimmt oder die Toten befragt. Denn wer das tut, der ist dem HERRN ein Greuel, und um solcher Greuel willen vertreibt der HERR, dein Gott, die Völker vor dir. Du aber sollst untadelig sein vor dem HERRN, deinem Gott.«

Als ich nach dem Krieg in Deutschland das Evangelium verkündigte, kamen oft Menschen zu mir mit der Klage, daß sie einfach nicht beten könnten. Sie könnten sich auch nicht konzentrieren, wenn sie die Bibel läsen oder eine Predigt hörten. Häufig wurden sie außerdem von Selbstmordgedanken gequält – was in vielen Fällen mit dämonischem Einfluß parallel läuft. Später entdeckte ich die Ursache für die Häufung dieser Erscheinungen.

In Deutschland gab es nach dem Krieg sehr viele vermißte Männer und Söhne. Ihre Angehörigen wußten nicht, ob sie gefallen waren oder noch in russischen Gefangenenlagern schmachteten. Eine solche Ungewißheit ist eine schreckliche Sache. Eine ganze Anzahl von Angehörigen solcher Vermißten gingen zu Wahrsagern, um etwas über das Schicksal ihrer Lieben zu erfahren. Ich weiß nicht, ob sie wirklich zutreffende Antworten erhielten, aber an dieser Stelle lag zweifellos die Ursache für die seelische Finsternis, die mir später bei seelsorgerlichen Gesprächen begegnete. Durch diese Sünde der Beschäftigung mit okkulten Dingen war bösen Mächten Tür und Tor geöffnet worden. Meist war es gar nicht schwer, den Leuten deutlich zu machen, daß ihr Tun in den Augen des Herrn Sünde gewesen war. 5. Mose 18,12 sagt sehr klar: »Denn jeder, der so etwas tut, ist dem Herrn ein Greuel.« Wer den Weg zum Wahrsager geht, zeigt damit, daß er die Hilfe beim Satan sucht, statt auf die Macht Gottes zu vertrauen.

Es war eine wunderbare Sache, mit diesen Leuten über die Möglichkeit des Freiwerdens vom Einfluß dieser Kräfte reden zu können. Man braucht ja nur 1. Johannes 1,7.9 zu lesen. Nachdem diesen Menschen klargeworden war, daß sie gesündigt hatten, konnten sie ihre Schuld vor Gott bringen, sie ihm bekennen und um Vergebung bitten. Damit wurde für sie diese Verheißung des ersten Johannesbriefes schon Wirklichkeit. Der Herr vergab ihnen und reinigte sie durch die Kraft seines Blutes. Und ein solches Herz möchte er dann auch mit seinem Heiligen Geist füllen. Die Frucht aber dieses Geistes ist – neben anderen Dingen – Friede und Freude.

Aber nicht nur die Wahrsagerei öffnet die Türen für die Mächte der Finsternis, sondern auch die Teilnahme an spiritistischen Praktiken. Oft, wenn ich vor diesen Dingen warnte, erhielt ich die Antwort: »Ich hab's nur mal zum Spaß gemacht« oder: »Ich glaube doch gar nicht daran.«

Wer sich auf das Gebiet einer feindlichen Macht begibt, ist in ihrer Gewalt. Das gleiche gilt für die Folge von Zaubereisünden, in die einer »zum Spaß« einwilligt.

Eine weitere gefährliche Sache ist das Tragen von Amuletten.

Wir können es damit gar nicht ernst genug nehmen. Ich hörte einmal von einem Mädchen, das ständig krank war. Jemand gab ihr ein Amulett, das es um den Hals tragen sollte. Unmittelbar darauf waren alle Krankheitserscheinungen verschwunden. Doch die Kleine war nun schwermütig geworden. Niemals lachte sie mehr, und im Alter von zwölf Jahren unternahm sie einen Selbstmordversuch. Ein Geistlicher besuchte sie und fragte bei diesem Anlaß, ob sie vielleicht ein Amulett trüge. Sie gab es ihm, bat aber gleichzeitig, es nicht zu öffnen.

Der Geistliche hielt sich nicht an diese Weisung und fand darin ein Stück Papier mit der Inschrift: »Ich gebiete dir, Satan, diesen Körper gesund zu erhalten, bis die Seele dieses Menschen sich in der Hölle befindet.« Das Amulett wurde vernichtet und das

Kind befreit. Doch nun wurde es aufs neue ernstlich krank. Später wurde es geheilt, nachdem ihm im Namen Jesu die Hände aufgelegt worden waren.

Abgesehen von der Wahrsagerei und dem Tragen von Amuletten oder irgendwelchen Zaubern kann die Ursache für das Beherrschtwerden von finsteren Mächten aber auch in der Berührung mit Irrlehrern oder mit Menschen, die unter dämonischem Einfluß stehen, liegen. Die Begegnung mit Magiern, die Beschäftigung mit Horoskopen kann uns in Kontakt mit solchen finsteren Mächten bringen.

Die Bibel sagt sehr eindeutig, daß es Sünde ist, Kontakt mit Verstorbenen aufzunehmen. Auch die Anwendung von Hypnose ist eine Gefahr. Auch das Lesen entsprechender Literatur kann uns in große Finsternis hineinbringen. Bücher über Zauberei und die Bedeutung von Amuletten sollten vernichtet werden.

In Indonesien geschah es während einer großen Erweckungsbewegung, daß immer und immer wieder Menschen kamen, die ihr Leben Jesus anvertrauten und dabei Sünden auf diesem Gebiet bekannten. Dann verbrannten sie alle Dinge, die sie in diesem Zusammenhang benutzt hatten: Götzenbilder, Amulette und Bücher mit okkultistischem Inhalt wurden vernichtet. In unserer so ernsten Zeit stellt jeder Kompromiß eine besonders große Gefahr dar. Wenn wir auf der Seite Jesu stehen wollen, sind wir Kinder des Lichts, mitten in einer dunklen Welt. Aber unsere Entscheidung muß eine sehr eindeutige sein. Welch eine Freude liegt darin, daß es bei Jesus Vergebung und Erlösung gibt!

»Lieber Vater, in Jesu Namen bitten wir, daß du uns ganz klar zeigst, ob es in unserem Leben, unseren Herzen noch Kompromisse gibt mit dem Satan und seinen Dämonen. Danke, daß du uns freimachen und uns durch das Blut Jesu, deines lieben Sohnes, reinigen willst. Stärke uns durch deinen Heiligen Geist. Amen!«

Sind wir den Dämonen gegenüber machtlos?

Das Buch, das uns das meiste praktische Wissen über die Dämonen vermitteln kann, ist die Bibel. Darin wird uns auch gesagt, wie wir sie überwinden können. In der heutigen Zeit, wo finstere Mächte in der ganzen Welt auf so breiter Basis mobilisiert werden, ist es notwendig und gut zu wissen, wie ein Christ, ein Kind Gottes mit diesen Mächten fertig werden kann. Wir können es in der Bibel sehr genau nachlesen, daß uns zwei entscheidende Waffen zur Verfügung stehen – das Blut Jesu Christi und die Autorität seines Namens.

Was bedeutet das: »das Blut Jesu Christi«? Dieser Ausdruck weist auf das vollendete Werk am Kreuz hin. Als Jesus sein Blut vergoß, um uns von unseren Sünden zu retten – und nicht nur uns, sondern die ganze Welt –, da erkaufte er uns mit diesem schrecklichen Tod. Das stand hinter seinen Worten: »Es ist vollbracht!« (Joh 19,30).

Doch dann geht es weiter: »Wenn wir aber im Licht wandeln, wie er im Licht ist, so haben wir Gemeinschaft untereinander, und das Blut Jesu, seines Sohnes, macht uns rein von aller Sünde« (1. Joh 1,7).

Das heißt: heute und jetzt! Wir wissen damit, daß Jesus nicht nur für uns starb, sondern daß er nun lebt und immer noch und immer wieder unsere Herzen mit seinem Blut reinigen will, wenn wir unsere Sünden bekennen.

Der Satan fürchtet das Blut Jesu und auch sein Wort. Das braucht uns nicht zu überraschen. In der Offenbarung des Johannes heißt es: »Sie haben ihn besiegt durch das Blut des Lammes« (Offb 12,11).

Mit Menschen, die unter dem direkten Einfluß des Satans stehen, sollten wir niemals reden, ohne uns zuerst unter den Schutz und die Deckung des Blutes Jesu gestellt zu haben. Wir überwinden nur durch das Blut des Lammes.

Wenn wir vielleicht auch nicht verstehen, wie das vor sich geht, so werden wir doch erleben, daß Gott seine Verheißungen ernst nimmt, wenn wir im Gehorsam gegenüber seinem Wort handeln. Die »Torheit« Gottes ist um soviel weiser als die Klugheit der Weisen (s. 1. Kor 1,25). Nur das Wissen aus dem Glauben kann diese Dinge erfassen.

Wenn Kinder Gottes sich beim Zusammenstoß mit satanischen Mächten auf ungeistliche Weise – aufgrund ihres »ungekreuzigten« Fleisches – den Schutz des Blutes Jesu erbitten, bleiben sie dem Einfluß satanischer Geister gegenüber offen. Über die reinigende und bewahrende Macht des Blutes Jesu zu sprechen und gleichzeitig nicht zu begreifen, daß das »Mit-Christus-gekreuzigt-Sein« untrennbar damit verbunden ist, heißt die volle Erlösungskraft von Golgatha mißzuverstehen.

Die zweite starke Waffe, die wir in der Hand haben, ist der wunderbare Name Jesu. Jesus sagt uns, was wir in seinem Namen tun können und müssen. »In meinem Namen werden sie Dämonen austreiben« (Mk 16,17). Im Namen »Jesus«, nicht »Christus«. »Christus« ist sein Titel. Aber der Name über alle Namen ist »Jesus«.

Die dritte große Kraftquelle wird uns in Apostelgeschichte 1,8 verheißen: »... aber ihr werdet die Kraft des heiligen Geistes empfangen, der auf euch kommen wird... « Und dann gab der Herr uns die große Aufgabe, in die ganze Welt zu gehen und alle Menschen zu seinen Nachfolgern zu machen: »... und ihr werdet meine Zeugen sein in Jerusalem und in ganz Judäa und Samarien und bis an die Grenzen der Erde.« Aber bevor er diesen großen Auftrag gab, sagte er: »... ihr werdet die Kraft des Heiligen Geistes empfangen ...«

Die Gaben und die Früchte des Geistes machen uns stark im Kampf gegen böse Mächte. Wenn wir also fragen, ob wir Dämonen gegenüber machtlos sind, dürfen wir mit einem eindeutigen festen Nein antworten. Der Sieg Jesu gehört auch uns. Auf unserer Seite stehen ein mächtiger Hoherpriester und Legionen von Engeln. Die mit uns sind, sind viel stärker als diejenigen, die gegen uns sind.

Es ist notwendig, den Feind zuerst richtig einzuschätzen, bevor man in der Lage ist, ihn zu überwinden. Vor allem sollten wir vorsichtig sein im Hinblick auf die beiden zwar in entgegengesetzte Richtung weisenden, aber gleich schlimmen Irrtümer, denen unsere Generation zu erliegen droht. Der eine läßt die Menschen glauben, daß es überhaupt keine Dämonen gibt, im andern Fall glaubt man an ihre Existenz, entwickelt aber ein krankhaftes Interesse an ihnen.

C.S. Lewis schrieb das Buch »Dienstanweisungen an einen Unterteufel«. Darin läßt er einen Dämon an seinen »Neffen« schreiben, der in der Welt den Auftrag hat, die Menschen irrezuführen. Er sagt ihm unter anderem: »Zuerst mußt du versuchen, sie glauben zu lassen, daß wir nicht existieren. Wenn sie davon aber doch überzeugt sind, dann laß sie soviel wie nur möglich über uns nachdenken und reden.«

Wir wollen nicht vergessen, daß Gott will und von uns erwartet, daß wir die Mächte der Finsternis überwinden, nicht nur wegen unseres persönlichen Sieges oder der Befreiung anderer aus den Ketten Satans – obwohl auch das sehr wichtige Aufgaben sind –, sondern zur Ehre Gottes, damit sein Sieg über seine Feinde darin sichtbar gemacht wird. Es ist wichtig, daß wir dabei die richtige Haltung einnehmen. Die Bibel sagt uns, daß wir »in« Christus bleiben müssen, »... hoch über alle(n) Fürsten und Gewalten, Mächte(n) und Herrschaften ...« (Eph 1,21), daß wir dazu berufen sind, »dem Teufel Widerstand« zu leisten (Jak 4,7), daß wir »die Rüstung Gottes« anlegen sollen und dem Satan in der Kraft des Blutes Jesu widerstehen sollen – durch Glauben, Beten und wenn nötig auch durch Fasten.

Jesus hat Dämonen ausgetrieben, und er befiehlt seinen Nachfolgern, das Gleiche zu tun. Das erwartet er von uns. In der Apostelgeschichte können wir nachlesen, wie die Jünger die ihnen verliehene Autorität benutzten, um Dämonen auszutreiben. Auf diese Weise verherrlichten sie den Namen Jesu.

Wir dürfen niemals vergessen, daß Gottes Wort seine Gültigkeit für alle Zeiten behält und daß seine Anweisungen für uns heute das gleiche bedeuten wie vor zweitausend Jahren für seine Jünger. Wer sich im Gehorsam nach diesen Geboten richtet, wird auch die Allmacht Gottes in gleicher Weise erfahren.

Jesus *war* Sieger – Jesus *ist* Sieger – und Jesus *wird* Sieger *sein* in alle Zukunft hinein!

»Danke, Herr Jesus, daß wir uns nicht zu fürchten brauchen, wenn auch dem Feind starke und vielfältige Kräfte zur Verfügung stehen. Bitte öffne unsere Augen, daß wir erkennen, welche große Aufgabe wir in dieser dunklen Welt haben und wie wir Sieger

bleiben können. Vergib uns, wenn wir wie Schwächlinge leben, wo wir doch stark und reich sein könnten aufgrund deiner vielen wahrhaftigen, vollgültigen Verheißungen. Danke, daß du selbst uns in dir stark machen willst. Halleluja! Amen.«

Aus dem »Nicht-Können« muß »Können« werden

In Johannes 7,37-39 heißt es: »Aber am letzten Tag des Festes, der der höchste war, trat Jesus auf und rief: Wen da dürstet, der komme zu mir und trinke! Wer an mich glaubt, wie die Schrift sagt, von dessen Leib werden Ströme lebendigen Wassers fließen. Das sagte er aber von dem Geist, den die empfangen sollten, die an ihn glaubten; denn der Geist war noch nicht da; denn Jesus war noch nicht verherrlicht.«

Jesus *rief*: »Kommt!« Er sagte es nicht etwa leise, so daß nur die ihm zunächst Stehenden es hören konnten. Er rief es weit hinaus – für alle. Auch zu Ihnen spricht er: »Komm!«

Vielleicht sagen Sie: »Das mag für meinen anständigen Nachbarn gelten, der regelmäßig in die Kirche geht und sich immer gut benimmt. Für mich ist das nichts. Ich habe viel zu viel Dreck am Stecken. Ich würde nicht wagen, auf Jesus zuzugehen. Ich kann kein frommer Mensch sein. Dafür habe ich zuviel hinter mir.«

Wenn das Ihre Gedanken sind, dann ist das geradezu die Voraussetzung, um zu Jesus zu kommen. Es gibt nur eine Kategorie von Menschen, die Jesus nicht annimmt. Wenn er nämlich sein »Komm« ruft und die Antwort heißt: »Ja, Herr Jesus, hier bin ich, aber ich bin schon o.k.« (manche dieser Leute werden Pharisäer genannt), dann sagt der Herr: »Du bist schon in Ordnung? Dann tut es mir sehr leid, aber ich kann dir nicht mehr helfen.« Sollte jedoch solch ein »Pharisäer« zu der Überzeugung kommen: »In den Augen anderer Menschen habe ich sehr viel Ansehen, aber in meinem Herzen gibt es Sünde«, dann wird die Antwort Jesu lauten: »Dann komm – ich werde dir helfen.«

Gerade wenn Sie von sich denken: »Ich habe nichts Positives vorzuweisen, das mich zu Jesus führen könnte«, eben dann sind Sie ein Mensch, dem Jesus helfen möchte. Kommen Sie! Jesus liebt die Sünder. Er liebt nur die Sünder. Und er hat sie niemals weggeschickt, wenn sie ihn um Vergebung für ihre Schuld baten. Er starb ja für Sünder am Kreuz. Nur für sie litt er die schrecklichen Qualen, so daß er rief: »Mein Gott, mein Gott, warum hast du mich verlassen?« (Mk 15,34).

All das tat er für Sünder, wie Sie und ich es sind. Kommen Sie zu ihm! Wenn Sie diesem Ruf folgen, wird er Sie von allen Ihren Sünden freimachen. Wir müssen ihm unsere Sünden bekennen, sie zu ihm bringen. Wenn wir auf Jesus sehen, auf seine große Liebe, wenn wir ihn im Glauben anschauen, dann schämen wir uns unserer selbst. Dann drängt es uns zu beten: »Herr, sei mir Sünder gnädig!«

Und wissen Sie, was das Schönste ist? Daß er wirklich gnädig ist gegenüber Menschen, die mit Schuld zu ihm kommen. Dann können Sie alles vor ihm ausbreiten. Sie können sagen: »Herr, das war falsch und jenes ist unehrlich oder verlogen gewesen. Und dieses hier ist eine elende Sache. Das und das habe ich gesagt, und so habe ich im Herzen gedacht.« Wenn wir auf diese Weise unsere Schuld bekennen, wird es sein, als ob uns eine schwere Last abgenommen wird. Bei Jesus fällt uns die Bürde all dessen, was zur Sünde gehört, von den Schultern. Und wenn wir unsere Schuld bekannt haben, müssen wir uns von ihr distanzieren – vorbehaltlos. Johannes sagt: »Wenn wir aber unsre Sünden bekennen, so ist er treu und gerecht, daß er uns die Sünden vergibt und reinigt uns von aller Ungerechtigkeit« (1. Joh 1,9).

Dann haben Sie nicht nur Ihre Schuld ans Licht gebracht, sondern Sie erleben das große Wunder, daß der Herr Sie mit seinem Blut reinigt. Was heißt das? Es geht auch über mein Verständnis, *wie* sich das vollzieht. Aber ich weiß, was es bedeutet. Jesus vergoß am Kreuz sein Blut, um Sie und mich zu erlösen.

Es war ein erschütternder Preis. Wenn wir nun vom Blut Jesu Christi sprechen, denken wir an dieses am Kreuz vollbrachte Werk.

Aber machen wir uns auch klar, daß der Herr unsere Sünde in die Tiefe des Meeres versenkt, wenn wir sie zu ihm gebracht und um Vergebung gebeten haben? So steht es in seinem Wort. Der Satan hat eine Vorliebe dafür, uns auch mit den schon längst bekannten Sünden das Leben wieder aufs neue schwer zu machen. Doch Schuld, die vor den Herrn gebracht worden ist, ist getilgt. Die Bibel sagt, daß er unsere Sünden so weit von uns weggeschoben hat, wie der Morgen vom Abend entfernt ist, der Westen vom Osten. Er läßt sie verschwinden, wie eine Wolke sich auflöst.

Und dann schenkt der Herr seinen Geist in unser Herz hinein. Die Früchte dieses Geistes sind gerade das Gegenteil von unserer Sünde und ihren Auswirkungen: Liebe, Freude, Güte, Reinheit. Ob es dann keine Versuchungen mehr gibt? O doch, so schnell läßt uns der Satan nicht in Frieden. Aber ich weiß aus Erfahrung, daß man jede auftauchende Sünde sofort, ohne jeden Aufschub, wieder vor den Herrn bringen kann. Das ist auch deshalb nötig, weil sonst der Satan bei Gott auftritt und uns verklagt. In der Bibel heißt es, daß er das Tag und Nacht tut. Doch wenn wir unsere Schuld vor den Herrn gebracht haben – dann haben wir nichts zu fürchten. Dann wird Jesus Christus diese Sünde in der Tiefe des Ozeans versenken, und sie wird nicht mehr auftauchen. Der Satan hat kein Recht mehr auf diese Sache.

»Danke, Herr Jesus, daß du kamst, um Sünder zu retten, um sie glücklich zu machen, sie zu befreien, ihnen Frieden an Stelle von Zwietracht zu geben. Danke, daß alle, die heute zum erstenmal verstanden haben, daß sie zu dir kommen können, wissen dürfen, daß deine Hand ihnen entgegengestreckt ist und daß du sagst: ›Komm!‹

Herr, du siehst und hörst diejenigen, die dich suchen und sagen: ›Ja, Herr Jesus, ich komme.‹ Herr, es ist wunderbar, was du aus dem Leben aller machen willst, die diesen Schritt tun. Du willst sie stark machen im Kampf, du willst sie mit deinem Heiligen Geist füllen. Danke, Herr Jesus! Du machst Sünder glücklich – gerade Sünder – und machst sie völlig frei. Halleluja! Welch ein großartiger Erlöser bist du! Amen.«

Gottes Torheit ist klüger als die Weisheit der Menschen

Sie und ich, wir alle brauchen den Geist Gottes, um die ewigen Wahrheiten zu verstehen. Die »Torheit«, die Unbegreiflichkeit Gottes, ist in Wirklichkeit höchste Weisheit. Doch mit dem menschlichen Verstand können wir das zumeist nicht erkennen.

Im ersten Korintherbrief, Kapitel 1 und 2, können wir einiges zu diesem Thema lesen. Ich habe immer wieder festgestellt, daß es an dieser Stelle zwei verschiedene Ebenen gibt: die Weisheit der Weisen, die Gott uns als Gabe und Vorrecht schenkt, und dann noch darüber die Ebene der »Torheit« Gottes. Nur durch den Heiligen Geist können wir diese als höchste Weisheit erfassen.

Wir sollten nicht versuchen, die Unbegreiflichkeit Gottes auf die Ebene menschlicher Weisheit herabzuziehen und sie dadurch verstehen zu wollen. Das würde uns zu den merkwürdigsten Schlußfolgerungen gelangen lassen. Manche denken: »Gott ist tot.« Zu dieser Vorstellung kamen sie auf dem eben beschriebenen Weg: Sie machten das logische Denken zum Führer in letzten Lebensfragen.

Bruder Andrew sagte einmal: »Was, Gott soll tot sein? O nein, ich habe heute morgen noch mit ihm gesprochen.« Während seiner »Stillen Zeit« erfuhr er etwas von der Wirklichkeit dieses unbegreiflichen Gottes. Er, der Himmel und Erde geschaffen hat, sprach mit ihm, einem schlichten Menschen. Die »Torheit« Gottes – diese höchste Weisheit – sollten wir niemals abwerten, indem wir sie mit den Maßstäben menschlicher Weisheit messen. Wenn wir realistisch sein wollen, müssen wir vielmehr die letztere mit dem Maßstab Gottes messen. Dann werden uns plötzlich die Augen aufgehen, und wir werden erkennen, was es mit dieser anderen Ebene auf sich hat.

In Haarlem hatte ich einmal Gelegenheit, Bibelstunden für geistig Behinderte zu halten. Diese geistig Behinderten besaßen wenig von dem, was unter den übrigen Menschen als Weisheit galt. Doch der Heilige Geist ließ sie viel von der »Torheit« Gottes erfassen, die sie viel leichter aufnahmen als menschliche Weisheit. Zweifel kamen ihnen nicht. Sie verstanden die Botschaft der Bibel. Dabei ging mir die Wahrheit der Aussage Jesu auf, daß wir wie Kinder werden müssen, um ins Königreich Gottes hineinzukommen. Nie konnte ich ihnen genug von Gottes Liebe erzählen. Wie strahlten dann ihre Gesichter!

Der Vater eines dieser behinderten Mädchen fragte mich einst: »Warum darf meine Tochter eigentlich nicht am Abendmahl teilnehmen? Sie liebt den Herrn. Spielt es denn wirklich eine Rolle, daß sie nicht in der Lage ist, Dinge durch ihren Verstand aufzunehmen?« Ich antwortete ihm: »Beten Sie in dieser Woche über diese Angelegenheit. Ich will es auch tun.«

Ich tat es auch, aber ich ging außerdem zu einem Pastor, mit dem ich die Möglichkeit erwog, ob dieses Mädchen getauft und konfirmiert werden und dann am Abendmahl teilnehmen konnte.

(Diese Sache spielte sich vor über fünfzig Jahren ab. Um die Zeit gab es noch keine organisierte geistliche Zuständigkeit für Behinderte. Heute ist das alles leichter).

Der Pastor und ich beteten zusammen um die Lösung des Problems. Und es wurde möglich, den Wunsch des Vaters zu erfüllen. Das einzige, was der Pastor mir noch sagte, war: »Aber erklären müssen Sie den Behinderten, um was es geht. Ich kann nicht einfach genug reden.«

Nun übersetzte ich die gesamte gedruckte Abendmahlsordnung für meine Zuhörer, indem ich eine Geschichte daraus machte. Ich erinnere mich in dem Zusammenhang an die Stelle: »Wer also unwürdig ... ißt und trinkt ... der zieht sich das Gericht zu ...« (1. Kor 11,27-29):

»Eines Tages war da eine Dame«, begann ich, »die gar nicht glaubte, daß der Herr Jesus am Kreuz für sie starb. Nie hatte sie ihn um Vergebung ihrer Sünden gebeten. Und wißt ihr, was sie trotzdem tat? Sie nahm am Abendmahl teil, nahm Brot und Wein, die ja Zeichen des Leibes und Blutes des Herrn sind, durch die wir Vergebung empfangen.«

Die Reaktion der ganzen Gruppe lautete: »Oh, wie schrecklich!« Ich sagte: »Ja, wie schrecklich war das. Und wißt ihr, wer das noch gesagt hat? Der Herr Jesus.«

Niemals habe ich mit solcher Freude einer Abendmahlsfeier beigewohnt wie damals mit dieser Behindertenklasse. Da war soviel Verständnis, soviel Dankbarkeit, ein solcher Ernst, daß die Engel im Himmel darüber ihre Freude gehabt haben müssen.

Und dann der Taufgottesdienst! Hans, ein großer Kerl, dessen Verstand nicht über das Fassungsvermögen eines Sechsjährigen hinausging, kniete nieder und hörte jene wunderbaren Worte von den Lippen des Pastors: »Hans, ich taufe dich im Namen des Vaters, des Sohnes und des Heiligen Geistes.« Er fühlte das Wasser auf seiner Stirn. Und darüber freute er sich so sehr, daß er es festhalten wollte. Er stand nicht auf, sondern verharrte kniend am Boden. Ich nahm seine Hand und brachte ihn zu seinem Platz zurück. Aber Hans hielt die Augen weiterhin geschlossen. Er wünschte sich so sehr, das Erleben festzuhalten. Es war ein sehr beeindruckender Anblick.

»Danke, Herr Jesus, daß du das Heil auch Kindern zuteil werden läßt, auch solchen geistig Kinder gebliebenen Menschen, und daß du es auch denen geben willst, die dies nun lesen. Danke, Herr Jesus, daß du gesagt hast: ›Kommt her zu mir, alle, die ihr mühselig und beladen seid; ich will euch erquicken‹ (Mt 11,28). Wie sehr liebst du uns doch, Herr! Amen.«

Nicht Furcht, sondern Liebe

»Gott ist unsre Zuversicht und Stärke, eine Hilfe in den großen Nöten, die uns getroffen haben. Darum fürchten wir uns nicht, wenngleich die Welt unterginge und die Berge mitten ins Meer sänken« (Ps 45,2.3).

»... und die Menschen werden vergehen vor Furcht und in Erwartung der Dinge, die kommen sollen über die ganze Erde; denn die Kräfte der Himmel werden ins Wanken kommen« (Lk 21,26).

Ein Zeichen dafür, daß wir die Wiederkunft Jesu bald erwarten können, ist die Angst, die man weithin unter den Menschen findet. Wenn die Sicherheiten unseres Lebens, das, worauf wir bisher so fest gebaut haben, womit wir gerechnet haben, erschüttert werden wie nie zuvor, dann hat die Furcht ihre guten Gründe. Vermögenswerte sind nichts Gewisses mehr, eine gute berufliche Position, ein großes Bankkonto geben keine Sicherheit mehr.

Viele Kinder Gottes fangen an, auf die Zeichen der Zeit zu achten und lesen auf eine ganz neue Weise das Buch der Offenbarung. Dieses scheint plötzlich mit seinen Aussagen gar nicht mehr so weit von unserer Situation entfernt zu sein (und vielleicht hat das dort geschilderte Geschehen in seinen Anfängen bereits Wirklichkeit angenommen). Man stellt eine Art von Erwachen fest. In den USA beschäftigen sich jedenfalls schon viele Christen mit der vor uns liegenden Zeit, in der wir nicht mehr kaufen und verkaufen können, wenn wir es ablehnen, das Zeichen des Antichristen anzunehmen (s. Offb 13,17). Diese Menschen suchen jetzt Zuflucht in Häusern und auf Farmen mit Landbesitz, wo sie ihre eigenen Lebensmittel anbauen wollen. Ob das nötig ist? Ich weiß es nicht.

Ich glaube, daß die Kinder Gottes große Wunder der Bewahrung und der Befreiung erleben werden, auch wenn sie durch viel Bedrängnis hindurchgehen müssen. Die Bibel gibt viele Zusicherungen für Gegenwart und Zukunft. »Denn Gott hat uns nicht gegeben den Geist der Furcht, sondern der Kraft und der Liebe und der Besonnenheit« (2. Tim 1,7).

Es ist von großer Bedeutung, daß wir in unseren Herzen für den Heiligen Geist Raum schaffen. Dann werden wir uns nicht fürchten, wenn auch die Erde bebte. Wenn die Situation sehr gefährlich wird, können wir uns nicht länger auf unsere eigene Kraft verlassen. Das ist aber zugleich ein Segen. In Ländern, in denen Christen unter großem Druck leben, unter schwerer Verfolgung, habe ich gesehen, wie der Herr schwache Menschen und selbst Kinder benutzte, um Ströme von »lebendigem Wasser« fließen zu lassen. Ihre eigene Kraft hätte niemals ausgereicht, aber sie vertrauten dem Herrn, der sie mit seinem Heiligen Geist erfüllte – nicht mit Angst, sondern mit Kraft, mit Liebe und Besonnenheit. Sie sahen die Gefahren, aber sie erkannten auch die Realität des Sieges Jesu.

Als ich noch im Konzentrationslager war, wußte ich nicht, daß ich zu den 20 Prozent der Frauen gehören würde, die dieses Lager lebendig verlassen konnten. Ich sah den Tod bereits vor Augen. Wenn wir der Ewigkeit nahekommen, sehen alle Dinge auf einmal so einfach aus. Es war mir, als könnte ich den Satan vor mir sehen – und er war so viel stärker als ich. Dann aber sah ich Jesus, der dem Satan weit überlegen war. Und zusammen mit ihm war ich auch stärker als der Teufel. Da mußte die Furcht weichen.

Die auf unserer Seite stehen, sind mehr und stärker als die, die gegen uns sind: »... denn er, der in euch ist, ist größer als jener, der in der Welt ist« (1. Joh 4,4).

Was wir erwarten können, und was sich schon abzuzeichnen beginnt, ist, daß auch der Haß weitverbreitet sein wird. Da steht etwas Wunderbares in Römer 5,5. Wenn der Heilige Geist unsere Herzen erfüllt, dann bedeutet das, daß der Herr Jesus durch diesen Heiligen Geist, der uns geschenkt ist, Gottes Liebe in uns hineingießt. Diese Liebe wird in den zukünftigen Tagen Bestand haben.

Menschliche Liebe kommt immer wieder an einen Punkt, wo sie versagt. Gottes Liebe versagt nie. Und wir werden das erleben – wir selbst und diejenigen, mit denen wir in Berührung kommen. Sie werden sehen, daß in uns nicht die Angst vorherrscht, sondern eine überwindende Liebe, die Liebe Gottes: »... sondern die vollkommene Liebe treibt die Furcht aus; denn die Furcht rechnet mit Strafe. Wer sich aber fürchtet, der ist nicht vollkommen in der Liebe« (1. Joh 4,18).

In der Endzeit wird es keinen Raum für Kompromisse mehr geben. Es wird nur »ja« oder »nein« heißen. Extreme werden vorherrschen – entweder radikaler Haß oder radikale Liebe. Auch die Religion wird keine Sicherheit bieten. Der Antichrist wird ein sehr religiöser Mensch sein. Er wird sogar eine Weltreligion einführen, in der er selbst als Gott auftritt. Die Weltgeschichte ist jetzt bereits in einem Zustand großer Verwirrung, und das wird sich noch steigern.

Die Menschen bewegen sich heute wie in einem gefährlichen, sehr dichten Nebel, der ihnen keinerlei Perspektiven mehr übrig läßt. Der Heilige Geist will uns aber die Perspektive Gottes ganz klar zu erkennen geben. Der Plan Gottes beginnt schon Konturen anzunehmen. Was wir heute erleben, sind bereits Zeichen der Zeit, die in der Bibel angekündigt worden sind. Sie weisen auf die große Erlösung Gottes hin, die wunderbare Zukunft, in der das Königreich Gottes auf dieser Erde kommen wird. »Denn die Erde wird voll werden von Erkenntnis der Ehre des HERRN, wie Wasser das Meer bedeckt« (Hab 2,24).

Dann sollen die »Blätter des Lebensbaumes« zur Heilung der Heiden dienen (s. Offb 22,2). Es gibt also auch für die Völkerwelt eine Zukunft.

Die Zukunft wird großartig sein. Das Schönste steht uns noch bevor! Und Sie und ich haben das Vorrecht, das Kommen Jesu vorbereiten und beschleunigen zu helfen. Wir wollen uns vom Geist Gottes erfüllen lassen, dann wird nicht mehr die Angst herrschen, sondern die Liebe Gottes, die alles überwindet.

»Danke, Herr Jesus, daß du durch deinen Heiligen Geist die Liebe Gottes in unser Herz senkst. Danke, daß uns dein Geist gegeben ist. Danke, daß diese Liebe den Sieg behalten wird, daß sie beständig ist und daß sie unsere Angst vertreiben wird, wenn auch die Erde schwankt und die Berge im Meer versinken. Halleluja! Komme bald, Herr Jesus, ja, komme bald. Es ist finster auf der Erde. Bereite du uns vor für dein großes Fest. Danke, Herr. Amen.«

Betet füreinander

Paulus spricht im Epheserbrief über die Waffenrüstung Gottes, die wir nötig haben, um durch den Herrn stark zu sein und in seiner Kraft fest zu stehen. In diesem Zusammenhang sagt er dann weiter: »Betet allezeit mit Bitten und Flehen im Geist und wacht dazu mit aller Beharrlichkeit im Gebet für alle Heiligen und für mich, daß mir das Wort gegeben werde, wenn ich meinen Mund auftue, freimütig das Geheimnis des Evangeliums zu verkündigen, dessen Bote ich bin in Ketten, daß ich mit Freimut davon rede, wie ich es muß« (Eph 6,18-20).

Es gibt so viele Botschafter Christi, die diese Gebete gerade jetzt nötig haben. Einst kam ein Missionar in große Gefahr. Eines Abends nahmen sich seine Feinde vor, ihn nachts umzubringen, als er allein zu Hause war. Doch dann geschah nichts. Am nächsten Tag kam einer seiner Feinde zu ihm und bekannte: »Gestern abend wollten wir dich umbringen, aber es war uns nicht möglich.«

»Warum nicht?« fragte der Missionar.

»Es waren zu viele Fremde da. Wir waren nur zu viert, aber um dein Haus herum standen siebzehn Männer.«

Der Missionar berichtete diesen Vorfall seinen Freunden in der Heimat. Sie versuchten, sich an diesen Abend zu erinnern und fanden heraus, daß sie zu eben der gleichen Zeit eine Gebetsversammlung gehalten hatten – siebzehn Menschen waren damals zusammengekommen.

Siebzehn Gläubige beteten zu Hause.

Siebzehn Engel standen um das Haus des Missionars herum.

Satan lacht, wenn wir uns anstrengen. Er spottet über unsere Weisheit. Aber er zittert, wenn wir beten.

Wenn wir für andere vor Gott eintreten, ist es, als ob wir neben dem Herrn stehen und mit ihm gemeinsam deren Nöte durchsprechen.

Jesus trug all unsere Sünden ans Kreuz. Dort hat er das Werk der Erlösung vollendet. Wer könnte mehr als er in der Lage sein, unsere Nöte zu verstehen – er, der sie alle mitnahm an sein Kreuz?

Wer sollte die Gefahren der Sünde besser ermessen als der, der für diese Sünden mit seinem Blut bezahlte und ein Meer von Liebe offenbarte?

Aus diesem Grunde können wir nur im Blick auf ihn Belastungen und Sünden richtig sehen und einordnen. Die Strafe, mit der unser Friede erkauft wurde, lag auf ihm. »Durch seine Wunden sind wir geheilt.«

Fürbitte bedeutet nicht, daß die Seele eines Menschen notdürftig zusammengeflickt wird, wenn sie Schaden gelitten hat. Es geht vielmehr darum, daß der Betreffende den Kontakt zu Gott findet oder wiederfindet. Echte Fürbitte können wir nur üben, wenn wir mit der Realität Gottes rechnen und die durch Jesus Christus vollzogene Erlösung als Ausgangspunkt aller Hilfe ansehen.

Fürbitte ist eine sehr wichtige Angelegenheit.

Ein kleines Mädchen betete für ihre Freundin, bis diese ebenfalls den Herrn Jesus als ihren Erlöser annahm. Zusammen beteten sie dann für ein drittes Mädchen. Dann beteten diese drei für ein viertes und die vier für ein fünftes Mädchen – durch Fürbitte war in den Herzen von Kindern eine Kettenreaktion entstanden.

Möchten Sie nicht den Herrn bitten, Sie auch in solch eine Kette einzuschließen? Beten Sie für einen Menschen, dann zusammen für einen dritten, dann zu dritt für einen vierten.

Paulus sagt in 1. Timotheus 2,1-2: »So ermahne ich nun, daß man vor allen Dingen tue Bitte, Gebet, Fürbitte und Danksagung für alle Menschen, für die Könige und für alle Obrigkeit, damit wir ein ruhiges und stilles Leben führen können in aller Frömmigkeit und Ehrbarkeit.«

Ich habe erfahren, daß nichts uns innerlich so frei macht wie die Fürbitte für andere. Es ist eine schwere, aber wunderbare Aufgabe!

»Herr Jesus, willst du uns zu echten Fürbittern machen? Wir wagen diesen Schritt zusammen mit dir. Und wir preisen dich und danken dir, daß die Erlösung, die du am Kreuz errungen hast, eine stärkere Realität ist als all die Schmerzen und Leiden der Menschen um uns herum. Halleluja! Amen.«

Wenn Berge umstürzen

»Gott ist unsre Zuversicht und Stärke, eine Hilfe in den großen Nöten, die uns getroffen haben. Darum fürchten wir uns nicht, wenngleich die Welt unterginge und die Berge mitten ins Meer sänken« (Ps 46,2).

Es gibt so manche imposante Gipfel und Berge um uns her, die sich als unbeständig erweisen. Umso mehr freue ich mich über die Bibel, dies Buch voller himmlischer Gewißheiten, die niemals erschüttert werden können. Wir erkennen ihren Wert erst richtig, wenn die Sicherheiten dieser Welt wie Häuser bei einem Erdbeben umgestürzt werden.

Mein Vater war mir immer eine große Hilfe, wenn es um Probleme ging. Er war von Beruf Uhrmacher, aber gleichzeitig besaß er ein solides theologisches Wissen. Als Kind fragte ich ihn einmal: »Papa, was heißt ›Prädestination‹?« Seine Antwort lautete: »›Prädestination‹ bedeutet, daß der Grund meiner Hoffnung nicht bei mir zu finden ist, sondern in der Treue Gottes liegt.«

Wenn wir den Begriff so verstehen, macht er uns froh. Ich habe aber auch manche Gedanken darüber gehört, die aus »Teufels Küche« stammen, der sie benutzt, um Menschen die Gewißheit des Glaubens zu nehmen und sie in Unsicherheit verharren zu lassen.

»... wenn Berge stürzen in die Tiefe des Meeres.« Biblische Prophezeiungen, die ich früher nicht verstand, zeichnen sich heute schon viel klarer ab. Die Dinge, die noch vor der Wiederkunft Jesu geschehen sollen – zur Zeit des Antichristen –, lassen uns erschauern.

Das schien damals alles noch so weit weg zu sein. Ich verstand es zu der Zeit einfach nicht. Doch heute können wir die Zeichen der Zeit schon beim Lesen der Zeitung erkennen! Wenn ich bis jetzt noch nicht an die Bibel geglaubt hätte, dann würde sie mir allein durch diese Nachrichten schon glaubwürdig erscheinen.

Wenn wir von Kriegen und Kriegsdrohungen, Erdbeben und anderen Katastrophen lesen, wird verständlich, daß die Menschheit von Furcht ergriffen ist. Das ist in der Bibel bereits angekündigt. Es werden aber noch schrecklichere Dinge geschehen.

Ein Pastor sagte einmal: »Wenn ich ein trauriges Buch in die Hände bekomme und lese, schau ich mir immer erst die letzte Seite an. Gibt es ein Happy-end, so lese ich den Rest des Buches mit Vergnügen. Ich weiß ja, daß alles gut ausgeht.« Dann fügte er hinzu: »Das ist es auch, was ich mit der Bibel mache. Wenn mich Angst ankommen will, schlage ich die letzten Seiten auf. Dann weiß ich, daß Jesus wiederkommen wird – er, der versprach, alle Dinge neu werden zu lassen –, so daß diese Erde erfüllt sein soll von Erkenntnis des Herrn, wie das Wasser den Meeresboden bedeckt.«

Das Beste steht ja noch aus! Welch ein Trost liegt darin! Wenn die Probleme der Welt immer unüberschaubarer und erschreckender werden, brauchen wir nur die letzten Blätter der Bibel anzuschauen. Das Leiden dieser Zeit kann mit der Freude zur Zeit der Wiederkunft Jesu einfach nicht in Konkurrenz treten. Welch ein Trost ist das für uns!

Aber bis es so weit ist, ist uns für heute eine andere großartige Gewißheit geschenkt: »Denn Gott hat uns nicht gegeben den Geist der Furcht, sondern der Kraft und der Liebe und der Besonnenheit« (2. Tim 1,7). Der Heilige Geist läßt uns nicht in Angst vergehen, auch wenn Berggipfel ins Meer stürzten. Wir wollen uns von diesem Geist erfüllen lassen. Er wird uns klar machen, daß es bei Gott keine Probleme gibt, sondern nur Pläne.

Mir fällt da wieder eine Begebenheit aus der Zeit in Ravensbrück ein. Eines Tages betrat ich einen Raum, in dem meine Schwester Betsie gerade dabei war, eine Bibelstelle auszulegen. Sie sprach davon, daß auf der Bauzeichnung eines Architekten alle Einzelheiten des späteren Gebäudes bereits zu sehen sind: die Türschwelle für den Eingang, Fenster, das Dach ... Und dann sagte sie: »Genauso hat Gott eine Bauzeichnung von Ihrem und meinem Leben gemacht. Und irgendwo steht da in einer Ecke: ›Ravensbrück‹. Gott unterläuft kein Fehler, auch wenn wir ihn nicht verstehen.«

Ich verstand vor allem nicht, was Gott vorhatte, als ich sah, wie Betsie langsam verhungerte und schließlich starb. Es gab doch noch soviel für sie zu tun!

Eines Tages – im Himmel – werden wir sehen und alles verstehen. Doch in manchen Dingen sehe ich heute schon den Sinn dessen, was Gott tat. Was Betsie angeht, so ist er mir klar geworden. In meinem Buch »Die Zuflucht« habe ich von Betsie erzählt. Und oft wurde mir später gesagt: »Der Herr hat Ihre Schwester und deren Schicksal in besonderer Weise für mich gebraucht. Ich habe nun auch wieder vergeben gelernt. Sie hat es mich gelehrt, daß der Heilige Geist Gottes unserem Herzen Liebe schenkt. Und daher kann ich nun meine Feinde lieben.« Wäre Betsie lebendig aus dem KZ herausgekommen, hätte sie wohl niemals so viele Menschen mit ihrer Botschaft erreicht wie durch die Bücher, in denen von ihr berichtet wird. Darum noch einmal: Wir brauchen uns nicht zu fürchten, auch wenn die Berge wanken!

»Denn also hat Gott die Welt geliebt, daß er seinen eingeborenen Sohn gab, damit alle, die an ihn glauben, nicht verloren werden, sondern das ewige Leben haben« (Joh 3,16).

Wie schrecklich war das, was am Kreuz geschah! Schien es da nicht, als wäre alles verloren? Welch ein »Berg« stürzte damals in sich zusammen! Aber gerade in diesem Augenblick geschah etwas Wunderbares: Eine furchtbare Not fand eine Lösung – die Not der Sünde war überwunden. Die Sünde der ganzen Welt – Ihre und meine – trug der Erlöser dort ans Kreuz.

»Danke, Herr, daß du das getan hast. Danke, Herr, daß du alles vollbracht hast und daß wir wissen, daß du nicht nur für uns starbst, sondern daß du lebst und bei uns bist. Herr, dann werden wir uns nicht fürchten, wenn auch die Erde zu schwanken beginnt. Bei dir sind wir sicher, was auch geschehen mag. Halleluja! Danke, Herr! Amen.«

Rüstzeug für den Kampf

Das Leben eines Kindes Gottes in der heutigen Zeit hat eine starke Ähnlichkeit mit dem Schicksal eines Frontsoldaten.

»Zuletzt: Seid stark in dem Herrn und in der Macht seiner Stärke. Zieht an die Waffenrüstung Gottes, damit ihr bestehen könnt gegen die listigen Anschläge des Teufels. Denn wir haben nicht mit Fleisch und Blut zu kämpfen, sondern mit Mächtigen und Gewaltigen, nämlich mit den Herren der Welt, die in dieser Finsternis herrschen, mit den bösen Geistern unter dem Himmel. Deshalb ergreift die Waffenrüstung Gottes, damit ihr an dem bösen Tag Widerstand leisten und alles überwinden und das Feld behalten könnt« (Eph 6,10-13).

Beim Militär gibt es Offiziere, die für den Troß zuständig sind. Stellen Sie sich einmal vor, ein Soldat käme nach einer Kampfhandlung zu einem solchen Offizier und meldete: »Ich konnte nicht kämpfen, weil ich keine Waffen hatte. Außerdem war ich schrecklich hungrig, aber es gab nichts zu essen. Ich sah zu, wie einer meiner Kameraden verblutete, aber ich konnte nichts tun, um seine Wunden zu versorgen. Während der ganzen Zeit wußte ich nicht, was meine Vorgesetzten von mir erwarteten.«

Und ein Offizier, der in all den Dingen vorschriftsmäßig vorgesorgt hätte, würde ihm dann antworten: »Aber es gab genug Waffen und Lebensmittel. Und du hattest auch den Notverbandkasten dabei!«

Stellen Sie sich weiter vor, der Soldat würde dann sagen: »Ja, natürlich, das Verbandszeug – aber damit habe ich meine Schuhe geputzt.« Und auf seine Aussage: »Ich wußte niemals, was ich eigentlich tun sollte«, würde der Offizier antworten: »Ich gab dir doch ein tragbares Funkgerät mit. Damit konntest du in ständiger Verbindung mit deinen Vorgesetzten bleiben.« Einem solchen Soldaten wäre eine Verhandlung vor dem Kriegsgericht sicher gewesen.

Aber machen wir es denn anders, wenn wir die uns vom Heiligen Geist bereitgestellten Hilfen für den Kampf nicht nutzen? Wir haben einen mächtigen Hohenpriester und Legionen von Engeln auf unserer Seite. Wir haben die Fürbitte des Herrn selbst und seines Heiligen Geistes.

»Desgleichen hilft auch der Geist unsrer Schwachheit auf. Denn wir wissen nicht, was wir beten sollen, wie sich's gebührt; sondern der Geist selbst vertritt uns mit unaussprechlichem Seufzen. Wer will verdammen? Christus Jesus ist hier, der gestorben ist, ja vielmehr, der auch auferweckt ist, der zur Rechten Gottes ist und uns vertritt« (Röm 8,26.34). Und wir haben die Gegenwart des Herrn Jesus, der gesagt hat: »Seid gewiß: Ich bin bei euch alle Tage bis zum Ende der Welt« (Mt 28,20).

Er steht neben uns, lebt in uns, geht mit uns. Wir stehen auf dem Boden des Siegers. Wir besitzen ein »Sprechfunkgerät«, wenn der Heilige Geist uns erfüllt und aus unserem Gebet ein Gespräch mit Gott macht, eine wunderbare Gemeinschaft mit unserem König herstellt.

Die Mächte und Kräfte, die auf unserer Seite stehen, sind viel stärker als die Mächte, die gegen uns sind. Als ich eines Tages an einen gefährlichen Ort gehen mußte, wollte Angst in mir aufkommen. Dann sagte jemand zu mir: »Wenn Sie dort hinkommen, tritt gleichzeitig Jesus ein.« Wie wahr! Denn wenn er in uns lebt und wir in ihm bleiben, ist er immer bei uns! Gottes Vorsorge ist vollkommen und funktioniert reibungslos. Wir brauchen Nahrung, und die Bibel bietet uns das »Brot des Lebens«. Himmel und Erde werden einmal vergehen, doch das Wort Gottes bleibt in Ewigkeit. Wir haben die Instrumente der Verbindung mit unserem Hauptquartier. Der Heilige Geist schenkt uns aus seiner Fülle alles, was wir brauchen.

Ich fürchte, daß wir später einmal, wenn wir Gottes Urteil über unser Leben hören werden, darüber beschämt sein werden, daß wir hier in seinem Namen wie Bettler gelebt haben. »Ja«, mag dann mancher sagen, »aber ich hatte ja so schwere Belastungen zu tragen und war so tief deprimiert über meine Sünden.« Dann mag die Antwort lauten: »Schwer beladen? Aber du hattest doch mein Wort: ›Kommt her zu mir, alle, die ihr mühselig und beladen seid; ich will euch erquicken.‹ (Mt 11,28). Du hast Angst gehabt, aber ich sagte dir, du solltest alle Sorgen auf mich werfen.«

Oder sollten wir dann sagen: »Ich konnte nicht vergeben. Ich war so voll Bitterkeit. Meine Feinde zu lieben überstieg meine Kraft.« Dann könnte die Antwort heißen: »Aber du hattest doch deine Bibel, in der zu lesen ist: ›... denn die Liebe Gottes ist ausgegossen in unsere Herzen durch den Heiligen Geist, der uns gegeben ist.‹ (Röm 5,5). Gottes Meer der Liebe hat dir von jeher zum persönlichen Gebrauch zur Verfügung gestanden.«

Oder wenn jemand sagen würde: »Meine Schuld hat mich so bedrückt.« Dann wäre vielleicht zu hören: »Hast du keine Bibel gehabt? Hast du nie gelesen, was in 1. Johannes 1,9 steht? ›Wenn wir aber unsre Sünden bekennen, so ist er treu und gerecht, daß er uns die Sünden vergibt und reinigt uns von aller Ungerechtigkeit.‹« Und die Stelle aus 2. Korinther 5,21: »Denn er hat den, der von keiner Sünde wußte, für uns zur Sünde gemacht, damit wir in ihm die Gerechtigkeit würden, die vor Gott gilt.«

Gott hat die Verheißungen, die für uns in der Bibel aufgezeichnet sind, immer ernst genommen. Nehmen Sie das »Schwert des Geistes« – das Wort Gottes. Mit diesem »Schwert« sind wir stark genug. Gottes Wort zeigt uns, daß wir durch Jesus Christus mehr als Überwinder sein können.

»Herr Jesus, vergib uns, daß wir so oft entmutigt sind, weil wir in die falsche Richtung schauen. Lehre uns, all die Reichtümer, die Kraft deines Wortes anzunehmen und damit umzugehen und uns darüber zu freuen, so daß wir starke, siegreiche Kämpfer für dich werden. Danke auch dafür, daß wir wissen dürfen, daß das Beste tatsächlich noch vor uns liegt. Laß es durch deinen Heiligen Geist geschehen, daß wir beschämt erkennen, wenn wir uns auf uns selbst verlassen und nicht auf dich. Danke, Herr Jesus, daß wir nie zu viel von dir erwarten können. Amen.«

Sieg im Kampf

Uns steht eine schwere Auseinandersetzung, eine geistige Schlacht großen Ausmaßes bevor. Vielleicht hat sie sogar schon begonnen: Der Kampf zwischen Jesus Christus und dem Antichrist. »Denn wir haben nicht mit Fleisch und Blut zu kämpfen, sondern mit Mächtigen und Gewaltigen, nämlich mit den Herren der Welt, die in dieser Finsternis herrschen, mit den bösen Geistern unter dem Himmel« (Eph 6,12).

Haben wir uns darauf eingestellt, in der Kraft der Macht Jesu Christi zu kämpfen? Oder verlassen wir uns auf unseren Idealismus, unsere Philosophie, unseren Humanismus oder unsere religiöse Pietät, auf unser eigenes Bemühen und unsere Anstrengungen? In Apostelgeschichte 1,8 steht das Wort Jesu: »... aber ihr werdet die Kraft des Heiligen Geistes empfangen, der auf euch kommen wird, und werdet meine Zeugen sein in Jerusalem und in ganz Judäa und Samarien und bis an das Ende der Erde.«

Die in Epheser 6 genannten Waffen sind Angriffswaffen. Wenn man damit kämpft, bleibt der Rücken ungedeckt. Gott kann keine Deserteure brauchen. »Und wenn jemand auch kämpft, wird er doch nicht gekrönt, er kämpfe denn recht.«

Der Heilige Geist vermittelt Kraft. Die Bibel spricht davon, daß wir von diesem Geist erfüllt sein sollen. Es geht nicht darum, daß wir den Heiligen Geist »haben«, sondern daß der Heilige Geist uns »hat«. Die Bibel ist voller Verheißungen für Macht und Sieg: »... all das überwinden wir ...« (Röm 8,37); »... werdet stark durch die Kraft und Macht des Herrn« (Eph 6,10).

Aber dann müssen wir auch aus diesem Reichtum leben und in dieser Kraft kämpfen, die uns in Jesus Christus zur Verfügung gestellt sind. Was nützt es uns, wenn wir Millionäre sind und dabei als Bettler leben? Wir sollten so leben, wie es unserem Reichtum entspricht. Ein christlicher Lebensstil sollte der eines Siegers sein. Freude und Überfluß sollten sichtbar werden, wie es uns für ein Leben mit Jesus Christus aus der Fülle Gottes verheißen ist. Wir brauchen nicht von unseren eigenen Möglichkeiten her zu leben, sondern dürfen auf die Möglichkeiten Gottes zurückgreifen. Wir brauchen nicht bei unserer begrenzten Kraft hängenzubleiben, sondern dürfen uns auf Gottes unbegrenzte Stärke verlassen.

Die Bibel spricht davon, daß wir einen »neuen Menschen« anziehen sollen. Dazu ist eine Umkehr und eine neue Geburt nötig. Jesus sagte einmal: »Wahrlich, wahrlich, ich sage dir: Es sei denn, daß jemand von neuem geboren werde, so kann er das Reich Gottes nicht sehen« (Joh 3,3) – und hineinkommen kann er auch nicht. Wir müssen nicht auf die Dauer schwache Kinder Gottes bleiben, die immerzu Hilfe brauchen. Wir sollten vielmehr die Schecks, die in der Bibel auch auf unseren Namen ausgestellt sind, einlösen: Ungeahnte Schätze, eine Liebe, die über jedes Verstehen hinausgeht, werden uns dann gehören.

Der neue Mensch muß sein Leben zuerst in uns entfalten, und dann hat er einen Weg vor sich. Doch welcher Weg ist das? Jesus Christus sagt von sich, daß er der Weg ist. Unser Leben sollte sich dann nicht mehr um uns selbst als Mittelpunkt drehen, sondern um Gott. Paulus nennt ein egozentriertes Leben »alte Natur«. Wenn wir diese »alte Natur« nur »aufarbeiten« wollten, wäre das genauso, als wollten wir einer Wohnung eine wunderschöne neue Fassade, ein wenig frische Farbe und saubere Vorhänge verleihen, das Innere aber in seinem baufälligen Zustand belassen.

Wer eine wirkliche Umkehr, eine Bekehrung will, muß die Tür weit aufmachen, muß den Herrn Jesus eintreten lassen und ihm alles zeigen, was sich darin findet. Nichts darf vor ihm versteckt werden. Das nennt man: »von seiner Sünde überführt werden«. Und das ist etwas ganz anderes, als zu wissen, daß wir ab und zu etwas Unrechtes tun. Wer eine solche Begegnung mit Jesus erlebt und bereit ist, die daraus folgenden Konsequenzen auf sich zu nehmen, wird tatsächlich eine neue Art des Lebens finden. Er zieht damit die »neue Natur« an – er ist eine neue Schöpfung.

»Danke, Herr Jesus, daß du das bewirken willst. Ich kann es nicht aus meiner Kraft heraus tun. Diese meine alte Natur ist so widerstandsfähig, so stark. Aber es ist eine großartige Sache, daß du eine neue Natur schaffen willst, daß du bereit bist, durch den Heiligen Geist in uns zu leben, und daß wir deshalb auf dem Boden des Siegers stehen in unserem Kampf mit den zahlreichen Mächten und Kräften der Finsternis. Halleluja! Amen.«

Marschbefehl für die Gemeinde Jesu Christi

»Leide mit als ein guter Streiter Christi Jesu« (2. Tim 2,3). Ein Soldat muß seine Instruktionen haben. Die Gebote Gottes sind die Spielregeln für sein Leben. Unser König – Jesus – sagte: »Wie mich der Vater gesandt hat, so sende ich euch« (Joh 20,21). Wenn wir in der Bibel vom Handeln Jesu lesen, werden uns diese »Spielregeln« offenbar.

Ein Soldat hat zu gehorchen. Vieles endet in unserem Leben in einem Scherbenhaufen, weil wir nicht in Übereinstimmung mit dem Plan Gottes für uns gelebt haben, weil wir gesündigt haben. Sündigen heißt soviel wie »das Ziel verfehlen«.

Wo liegt das Ziel unseres Kampfes? Es geht um eine Zukunft, in der die ganze Erde vom Wissen von Gott und von seiner Erkenntnis so erfüllt sein wird, wie die Wassermassen des Ozeans den Meeresgrund bedecken. Hier auf dieser Welt wird ein Machtwechsel stattfinden. Der Fürst der Finsternis wird vom König des Lichtes abgelöst werden. Der Herrscher dieser Welt, der Fürst der Finsternis, wird seinen Einfluß verlieren, und Jesus, der Herr allen Lichtes, der Messias, wird regieren.

Um in der Armee des Königs aller Könige kämpfen zu dürfen, müssen wir so, wie wir sind, zu ihm kommen – mit all unserer Sündhaftigkeit, unseren Abhängigkeiten, unserem Unwissen. Doch wir bleiben bei ihm nicht, wie wir sind. Der König selbst kümmert sich darum, daß wir geübte Kämpfer werden und eine Ausrüstung für unseren Kampf gegen die Sünde bekommen, die uns den Sieg ermöglicht. Wir brauchen diese Ausrüstung nicht selbst herzustellen, wir brauchen sie nur zu benutzen. Es sind Waffen Gottes. Wir können es in Epheser 6,10-20 nachlesen.

Was uns gebunden hält – Bindungen an Vergangenes, an Gewohnheiten, an Menschen –, all das will der Herr in Ordnung bringen, so daß wir in Wahrheit frei sein können. In Johannes 8,36 heißt es: »Wenn euch nun der Sohn frei macht, so seid ihr wirklich frei.« Unsere Unfähigkeit will er in ihr Gegenteil verwandeln, so daß wir mit Paulus ausrufen können: »Ich vermag alles durch den, der mich mächtig macht« (Phil 4,13).

Wie ist das möglich? Indem wir alle »Türen« und »Fenster« und »Schubladen« und »Geldbeutel« für den Herrn Jesus öffnen. Wenn Sie morgens die Jalousien oder Vorhänge wegziehen, ist das Zimmer plötzlich von Licht erfüllt. Geradeso ist der Heilige Geist bereit, hereinzukommen, wo immer ihm die Türen geöffnet werden. Die wunderbare, so unendlich fröhliche Anweisung der Bibel: »werdet voll Heiligen Geistes« wird dann in einem Augenblick zur Realität unseres Lebens. Der Herr möchte ja durch seinen Geist in uns leben.

Dann werden auch die Frucht des Geistes und die Gaben des Geistes sichtbar werden und zu Ihrer Verfügung stehen. Lesen Sie doch dazu noch einmal Galater 5,22-23 und 1. Korinther 12-14. Diese Liebe unterscheidet sich von dem, was wir im allgemeinen als menschliche Liebe kennen. Die letztere hält auf die Dauer nicht durch, doch die Liebe Gottes versagt niemals.

Ist uns wirklich klar, daß wir absolut nichts tun können, weder Sie noch ich, daß es Jesus ganz allein ist, der trotz aller widrigen Umstände die Macht hat, uns zu Siegern zu machen und es auch tun will, indem er durch seinen Geist in uns leben will?

Unser König schickt uns niemals an die Front ohne ein »Funkgerät«. Durchs Gebet haben wir einen wunderbaren, ständigen Kontakt mit ihm. »Betet ohne Unterlaß«, sagt die Bibel (1. Thess 5,17). Das heißt nicht, daß wir alle unsere Zeit auf den Knien verbringen müssen, aber es bedeutet einen ununterbrochenen Kontakt mit dem Herrn, besonders im Kampf unseres Alltags. Manchmal ist es nur ein Seufzer, der sich uns entringt, manchmal ein Aufschrei des Herzens: »Herr, ich danke dir, daß du bei mir bist!«; »Ich habe unrecht getan, Herr, vergib mir und hilf mir, daß ich nicht darin steckenbleibe!«; »Herr, ich danke dir und bete dich an. Du hast in einer so großartigen Weise für mich gesorgt!«

Auf diese Art und Weise wird Jesus aus Ihnen einen Menschen machen, der sagen kann: »... in alledem überwinden wir weit ...«

»Herr, willst du bitte den Funkkontakt unseres Betens in Ordnung bringen, so oft er auch gestört ist? Du bist ja der Anfänger und Vollender unseres Glaubens. Bitte, mach du ein richtiges Ge-

spräch daraus, wenn wir mit dir allein sind, aber auch mitten in unserem Alltagsleben. Herr, bitte höre auf diejenigen, die sagen: ›Ich lege meine Hand in deine, Herr. Zusammen mit dir werde ich Sieger sein!‹ Amen.«

Gottes Geheimnisse und unsere Treue

Im ersten Korintherbrief 4,1-2 sagt Paulus: »Dafür halte uns jedermann: für Diener Christi und Haushalter über Gottes Geheimnisse. Nun fordert man nicht mehr von den Haushaltern, als daß sie für treu befunden werden.«

Zuerst müssen wir uns darüber klar werden, was mit diesen Geheimnissen Gottes gemeint ist. Wir finden darüber einige Auskünfte in der Bibel. Gott selbst weist uns darauf hin. Wenn wir unsere Herzen für Jesus öffnen, verstehen wir plötzlich vieles davon. Er offenbart sie uns durch seinen Heiligen Geist, und dann sollen wir sie an andere weitergeben!

Eins davon heißt: »Denn also hat Gott die Welt geliebt, daß er seinen eingeborenen Sohn gab, damit alle, die an ihn glauben, nicht verloren werden, sondern das ewige Leben haben« (Joh 3,16).

Wenn wir ein so gewaltiges Geheimnis Gottes annehmen dürfen, müssen wir es auch weitergeben. Wir sollten treue Verwalter dieser und anderer Wahrheiten sein. Es macht uns ja glücklich und dankbar, davon zu wissen. Und nun erwartet Gott von uns, daß wir treu damit umgehen – das ist alles. Liebe und Gehorsam gehören zusammen.

Paulus sagt: »So sind wir nun Botschafter an Christi Statt, denn Gott ermahnt durch uns; so bitten wir nun an Christi Statt: Laßt euch versöhnen mit Gott!« (2. Kor 5,20). Und Jesus redet so zum Vater: »Wie du mich gesandt hast in die Welt, so sende ich sie auch in die Welt« (Joh 17,18). Das heißt, daß jeder Christ in irgendeiner Weise vom Herrn beauftragt ist.

Ist das möglich? Ja. »Denn Gott hat uns nicht gegeben den Geist der Furcht, sondern der Kraft und der Liebe und der Besonnenheit« (2. Tim 1,7). Wir brauchen nicht aus unseren eigenen Quellen zu schöpfen. Wir können die Quellen Gottes nutzen. Wir brauchen auch nicht mit unserer begrenzten Kraft zu rechnen.

Wir dürfen uns darauf verlassen, daß uns Gottes unermeßliche Kraft zur Verfügung steht.

Vielleicht steigt bei Ihnen die Frage auf, ob tatsächlich jeder gläubige Christ – auch wenn er einen ganz alltäglichen Beruf ausübt – ein Fabrikarbeiter, ein Geschäftsmann, eine Hausfrau – Verwalter der Geheimnisse Gottes ist.

Drei Männer legten einst Ziegelsteine aufeinander. Jemand ging vorbei und fragte den ersten: »Was machen Sie denn da?«

»Ich baue eine Mauer«, lautete die Antwort.

Der Zuschauer stellte dem nächsten die gleiche Frage.

»Ich verdiene den Lebensunterhalt für meine Frau und meine Kinder«, hieß es diesmal.

Der dritte aber schließlich sagte auf die gleiche Frage: »Ich errichte eine Kathedrale.«

Jeder Gläubige baut mit am Königreich Gottes, ob als Uhrmacher, als Maurer, als Hausfrau oder als Professor.

Vor einiger Zeit sprach ich mit einem Kohlenhändler. Er erzählte, daß er zwei Telefonapparate nebeneinander stehen hätte. »Oft habe ich auf jedem Apparat gleichzeitig ein Gespräch«, sagte er. »Auf der einen Leitung rede ich vom Herrn Jesus und gebe geistlichen Rat, während auf der anderen Leitung gerade jemand Kohlen bestellen möchte. Beide können mich dann hören. Ich bitte dann den zweiten Anrufer, sich einen Augenblick zu gedulden und lasse ihn die Botschaft Gottes mithören. Später frage ich ihn dann: ›Wieviel Kohlen möchten Sie haben?‹«

Das bedeutete für diesen Mann, Verwalter der Geheimnisse Gottes zu sein – und gleichzeitig Kohlen zu verkaufen.

Gott verlangt nur, daß wir treu sind. Treue! Es ist eine großartige Sache, daß wir selbst diese Treue nicht aus eigener Kraft aufbringen müssen. In Galater 5,22-23 wird Treue auch als eine Frucht des Geistes aufgezählt. Wir tun es zusammen – Jesus und wir.

Paulus sagt (2. Tim 2,13): »... sind wir untreu, so bleibt er doch treu; denn er kann sich selbst nicht verleugnen.« Diese Treue währt ewig.

Wenn wir mit Jesus Hand in Hand gehen, bleiben auch wir treu. Wir können uns dann immer unserer Berufung bewußt sein, auch wenn alles dunkel und verloren erscheint.

Der Herr sagt: »Wer an mich glaubt, wird die Werke, die ich vollbringe, auch vollbringen, und er wird noch größere vollbringen, denn ich gehe zum Vater.«

Sollte das möglich sein? Größere Werke, als Jesus sie tat? Sie? Ich?

Ja, denn Jesus sitzt zur rechten Hand des Vaters, und er tut heute größere Werke als während der dreieinhalb Jahre seines irdischen Lebens in Palästina. Aber er tut sie durch seine Nachfolger, durch Sie und durch mich. Und auf diese Weise macht er uns zu Verwaltern der Geheimnisse Gottes.

»Danke, Herr Jesus, daß du solch eine wunderbare Arbeit für uns hast. Danke, daß du uns gebrauchen willst und das auch kannst, weil du, Herr, zusammen mit deinen Nachfolgern kämpfst und weil du uns beständig durch deinen Heiligen Geist deine Hilfe zuteilwerden läßt: Treue, Liebe, Kraft und Mut. Amen.«

Wer trägt die Verantwortung?

Ein Kind Gottes muß sich unserem himmlischen Vater ausliefern und hat das Vorrecht, das nicht nur einmal, sondern immer wieder zu tun.

Den Anfang macht das »Von-neuem-geboren-Werden« als ein Kind dieses Vaters. Der Herr Jesus nennt das »Wiedergeburt«. Es heißt in der Bibel: »Wie viele ihn aber aufnahmen, denen gab er Macht, Gottes Kinder zu werden, denen, die an seinen Namen glauben« (Joh 1,12). »Wie ihr nun den Herrn Christus Jesus angenommen habt, so lebt auch in ihm« (Kol 2,6).

Jemand sagte mir einmal: »Ich habe mich schon verschiedene Male dem Herrn ausgeliefert – zuletzt vor kurzer Zeit auf einer Konferenz. Ich fühlte mich so glücklich hinterher. Aber das hält immer nur eine kurze Zeit lang an, und dann ist alles wieder vorbei.«

Wenn das auch Ihre Erfahrung ist, müssen Sie Ihre Blickrichtung ändern. Sie schauten dann zuviel auf sich. Richten Sie den Blick auf den Herrn, dem Sie sich ausgeliefert haben!

Wenn Gott das Werk Ihrer völligen Hingabe begann und wenn er Ihre Auslieferung an ihn angenommen hat, dann wird er sich auch um Sie kümmern und Sie bewahren. Glauben Sie das?

In der Angelegenheit einer völligen Hingabe sind ja zwei Beteiligte da: Gott und ich. Auf mich kommt es dabei zunächst gar nicht an. Gott ist der allmächtige Herr. Fürchten Sie sich, sich diesem mächtigen Erlöser anzuvertrauen? Gott möchte auf jeden Fall seinen Teil an der Sache erfüllen. Glauben Sie ihm nicht, daß er Sie festhalten kann, Augenblick für Augenblick, Tag für Tag? Gott läßt jeden Tag die Sonne scheinen, auch wenn sie manchmal hinter Wolken verborgen ist. Kann er nicht genausogut sein Leben in Ihnen und in mir verwirklichen, Augenblick für Augenblick, Tag für Tag, ohne Unterbrechung? Warum wird Ihnen diese Erfahrung nicht zuteil? Weil Sie ihm das nicht zutrauen!

Auch in einem Gott ausgelieferten Leben gibt es Schwierigkeiten und Nöte. Es ist nicht nur schwer, es ist für den Menschen von sich aus sogar unmöglich, darin fest zu bleiben. Aber durch Gottes Gnade, durch die Kraft des Heiligen Geistes, der in uns lebt, ist es das Leben, zu dem wir berufen sind und – dem Herrn sei Dank – worin er uns auch bewahren kann und will!

Wir müssen bereit sein, das zu tun, was Gott von uns verlangt. Die andere Voraussetzung heißt: Wir müssen Gott das tun lassen, was er tun will.

Hingabe an den Willen Gottes! Man weiß nicht immer so genau, wie dieser aussieht. Aber dann brauchen wir bloß zu sagen: »Durch deine Gnade möchte ich in jeder Minute eines jeden Tages deinen Willen tun. Möchte doch keines meiner Worte deinen Ruhm verdunkeln, keine meiner Handlungen gegen deine Ehre stehen, sondern alles im Einklang mit deinem Willen sein.«

Ob das möglich ist? Was hat Gott dazu gesagt? »Sondern es ist gekommen, wie geschrieben steht (Jes 64,3): ›Was kein Auge gesehen hat und kein Ohr gehört hat und in keines Menschen Herz gekommen ist, was Gott bereitet hat denen, die ihn lieben.‹« (1. Kor 2,9). Seine Segnungen übersteigen unsere Vorstellungskraft – es sind göttliche Reichtümer.

Sagen Sie: »Ich übergebe mich vollständig an den Herrn und seinen Willen. Ich möchte nur das tun, was er von mir erwartet.« Gott selbst wird dann diese Ihre Auslieferung in die Tat umsetzen.

»Ich überlasse mich vollständig dem Herrn, so daß er in mir wirken kann. Ich möchte, daß er nach seinem Wohlgefallen in mir lebt, wie er es verheißen hat.« Nur durch eine solche Auslieferung an den Herrn Jesus können wir erfahren, was wahre Freiheit ist.

Gott will auf eine Weise in seinen Kindern wirken, die wir nicht verstehen. Wir brauchen nichts anderes zu tun, als ihm kindlich zu vertrauen.

Wenn Sie Tee eingießen, nehmen Sie eine saubere, leere Tasse. Ist Essig oder Tinte in dem Gefäß gewesen, können Sie es nicht gebrauchen.

Gott will uns füllen und uns segnen, wenn wir uns ihm vollständig überlassen und leer sind von uns selbst.

Es gab eine Zeit, in der soviel Verantwortlichkeiten auf mich zukamen, daß es mich erschreckte. So viele Versammlungen, so viele Reisen und immer weitere Aufgabenbereiche – großartige Gelegenheiten, aber sie setzten mich auch sehr unter Druck.

So breitete ich all die Probleme vor dem Herrn aus. Wie herrlich ist es, daß er uns besser versteht als wir uns selbst verstehen! Dann fragte mich der Herr. »Hast du dich mir vollständig ausgeliefert?«

Ich konnte ihm antworten: »Ja, Herr, hundertprozentig.«

»Ist dir klar, daß du dann nichts mehr dein eigen nennen kannst, daß du nur noch ein Verwalter dessen bist, was dir zur Verfügung steht? Das bedeutet, daß ich die Verantwortung für alles trage. Du brauchst mir nur zu gehorchen und mir zu folgen. Und dann bin ich dein Sieg, deine Kraft, dein Alles.«

Als der Herr mich nun fragte, ob ich ihm alles ausgeliefert hätte, war das ein gesegnetes, aufs Ganze gesehen herrliches Loslassen in seine liebenden Hände hinein. Da wußte ich nun wieder, daß nicht ich, sondern er alle Verantwortung trug. Das gab mir Ruhe und Frieden. Plötzlich erkannte ich, welch eine kraftvolle, kraftgeladene Sache die Auslieferung an den Herrn ist. Seine Möglichkeiten, seine Allmacht, seine vollkommene Einsicht, sein Urteilsvermögen und seine Liebe waren so unendlich viel größer als das, was ich in meiner Kurzsichtigkeit als meine Pflicht angesehen hatte, in der ich alles in meiner Kraft und nach meinen Möglichkeiten hatte tun wollen.

Meine Kraft, meine Möglichkeiten zählten gar nicht mehr. Alles hing jetzt von seinen Möglichkeiten, seiner Macht ab.

Plötzlich sah ich Gideon vor mir – schwach und voller Furcht. Aber der Engel sprach zu ihm: »Der Herr sei mit dir, starker Held« (Ri 6,12). Weil der Herr auf seiner Seite stand, war er mit einem Mal ein mächtiger Mann.

Ich war so glücklich nach diesem Gespräch mit dem Herrn, daß ich zu ihm sagte: »O Herr, ich würde dich so gerne einmal sehen.«

Der Herr antwortete darauf: »Schau auf deine linke Hand.« Und dann sah ich, daß meine Hand in einer anderen lag, und daß diese Hand durchbohrt war. Wie sicher konnte ich sein!

Es ging nicht länger um mich, sondern um ihn – er in mir: Jesus, gekreuzigt, aber auch auferstanden und in die Herrlichkeit erhoben. Er in mir, ich in ihm.

Wir brauchen uns nicht anzustrengen, das zu verstehen. Es ist unfaßbar, aber es ist gewiß! Hand in Hand mit Jesus – so wollen wir mit ihm gehen. Er ist Sieger, und er will aus mir und aus Ihnen Menschen machen, die in alledem weit überwinden ... Halleluja, welch ein Erretter!

»Herr, ich danke dir, daß das alles nicht von mir abhängt, sondern von dir. Ich vertraue dir, daß du gewillt bist, in mir zu leben, mich festzuhalten und zu bewahren und mich stark zu machen, ein Leben zu deiner Ehre zu führen. Herr, höre jetzt bitte auf die, die das mit mir sagen möchten. Herr, du siehst auch diejenigen, die dies lesen und dann mit mir sagen wollen: ›Nimm mein Leben vollständig in deine Hände.‹ Amen.«

Bilanz ziehen

Als ich noch ein Uhrmachergeschäft in Haarlem besaß, gehörte es mit dazu, am Jahresende Inventur zu machen – den Bestand aufzunehmen – und dann Bilanz zu ziehen. Ich habe das immer gern getan.

Und jetzt möchte ich einmal Inventur aufnehmen im Hinblick auf die Hilfsmittel, die wir als Gotteskinder haben. Freilich, so sehr wir uns auch darum bemühen würden, es bleibt doch immer nur bei einem winzigen Teil dessen, was wir tatsächlich haben. Und doch ist ein solches Unterfangen nützlich. Wenn wir »in Christus« sein wollen, ist es nötig, daß wir lernen, als reiche Menschen zu leben.

Ich hörte einmal, wie jemand eine kritische Rückschau auf die ersten vier Tage eines neuen Jahres hielt. Da gab es eine Menge Bedrängendes und Bedrohliches zu berichten, und seine letzten Worte waren: »Es graut mir davor, über den Rest des Jahres nachzudenken.« Nicht wenige Menschen auf der Welt empfinden Ähnliches.

Ein Christ kann und muß realistisch sein. Wir sehen heute der Zeit des Antichrist entgegen. Wenn wir die Bibel auf die Zeichen der Zeit hin lesen und im Hinblick auf das, was wir vor der Wiederkunft Jesu noch zu erwarten haben, sehen wir Zerreißproben auf uns zukommen.

Im 21. Kapitel des Lukasevangeliums spricht der Herr Jesus eine Warnung aus und weist auf die Dinge hin, die heute geschehen. Es mögen uns noch schreckliche Ereignisse bevorstehen. Doch der Herr sagt: »Wenn ihr aber hören werdet von Kriegen und Aufruhr, so entsetzt euch nicht. Denn das muß zuvor geschehen; aber das Ende ist noch nicht so bald da. Und kein Haar von eurem Haupt soll verloren gehen. Wenn aber dieses anfängt zu geschehen, dann seht auf und erhebt eure Häupter, weil sich eure Erlösung naht« (Lk 21,9.18.28).

Wir stehen alle mehr oder weniger an der Front des Kampfes, der nicht gegen Fleisch und Blut, sondern gegen böse geistige Mächte geführt wird gegen Fürsten und Herrscher der Finsternis dieser Welt. Es ist ein Kampf, der zunehmend schwerer und härter werden wird, und in dem wir die Waffenrüstung Gottes dringend brauchen werden.

Welche Vision wird uns in Römer 8 vermittelt! Die Leiden der gegenwärtigen Zeit können den Vergleich mit der Herrlichkeit, die an uns offenbart werden soll, nicht aushalten. Mögen schlimme Dinge und selbst der Tod uns ringsum bedrohen – die weit größere Realität ist doch, daß Jesus lebt und mit uns ist. »Ihn habt ihr nicht gesehen und habt ihn doch lieb; und nun glaubt ihr an ihn, obwohl ihr ihn nicht seht; ihr werdet euch aber freuen mit unaussprechlicher und herrlicher Freude« (1. Petr 1,8).

Vor allem in den Tagen der Bedrängnis kann Gott uns gebrauchen. Stark sein in solchen Zeiten können wir aber nur, indem wir die Verheißungen der Bibel ernstnehmen lernen.

In großen Teilen der Welt ist es bereits so, daß die Kinder Gottes verfolgt werden. Heute liegt Finsternis über der ganzen Welt, und wir wissen viel von ihren Nöten. Furcht aufgrund der Unsicherheit aller sichtbaren Dinge herrscht vor. Doch im Römerbrief heißt es: »Denn wir wissen, daß die ganze Schöpfung bis zu diesem Augenblick mit uns seufzt und sich ängstet. Nicht allein aber sie, sondern auch wir selbst, die wir den Geist als Erstlingsgabe haben, seufzen in uns selbst und sehnen uns nach der Kindschaft, der Erlösung unseres Leibes. Denn das ängstliche Harren der Kreatur wartet darauf, daß die Kinder Gottes offenbar werden« (Röm 8,22-23.19).

Wer ist hier gemeint? »Denn welche der Geist Gottes treibt, die sind Gottes Kinder« (Röm 8,14).

Was sieht die seufzende Schöpfung, wenn sie auf Sie und auf mich sieht? Sieht sie Bettler, arme elende Gestalten, oder sieht sie Königskinder?

»Herr Jesus, bitte vergib uns, wenn wir wie Bettler leben, obwohl du am Kreuz dafür gelitten hast, daß wir reiche Königskinder würden. Heiliger Geist, bitte öffne unsere Augen. Laß uns erkennen, wie reich wir sind, und laß die seufzende Schöpfung an uns sehen, was sie sich so brennend wünscht: siegreiche, reiche Kinder Gottes. Hilf uns, in der Welt Sehnsucht danach zu wecken, den Frieden, der alle Vernunft übersteigt, zu empfangen. Amen.«

Sind Sie bereit,
den wiederkommenden Herrn zu empfangen?

In Lukas 21,36 lesen wir: »So seid allezeit wach und betet, daß ihr stark werdet, zu entfliehen diesem allen, was geschehen soll, und zu stehen vor dem Menschensohn.«

Selbst wenn Jesus heute noch wiederkäme, könnten wir dafür »bereit« sein. Wer wissen möchte, wie das möglich ist, findet die Antwort in der Bibel.

Ich weiß, daß es Leute gibt, die einwenden: »Aber es haben schon so viele geglaubt, daß Jesus bald wiederkommen würde. Sie sind darüber gestorben, und der Herr ist immer noch nicht auf diese Erde zurückgekehrt.«

Jesus mahnte uns, auf die Zeichen der Zeit zu achten. Und dazu gehört schon ein solches Reden. Petrus sagt: »Ihr sollt vor allem wissen, daß in den letzten Tagen Spötter kommen werden, die ihren Spott treiben, ihren eigenen Begierden nachgehen und sagen: Wo bleibt die Verheißung seines Kommens? Denn nachdem die Väter entschlafen sind, bleibt es alles, wie es von Anfang der Schöpfung gewesen ist« (2. Petr 3,3-4).

Aussprüche dieser Art sind ein Beweis dafür, daß wir uns schon in den letzten Tagen befinden. Wer so redet, ist ein Spötter, der nicht auf die Wiederkunft Jesu wartet und sich nicht danach sehnt.

Aber er wird kommen, und es wird einen Augenblick geben, wo jeder sich vor ihm beugen wird. Es geht dann nur noch darum, ob Sie Ihre Knie vor Ihrem Retter oder vor Ihrem Richter beugen werden. Jesus selbst hat uns gewarnt: »So seid allezeit wach und betet, daß ihr stark werdet, zu entfliehen diesem allen, was geschehen soll, und zu stehen vor dem Menschensohn« (Lk 21,36).

Das offenkundigste Zeichen der Endzeit ist die Rückkehr der Juden in ihr Land. Doch gibt es auch noch andere Signale. Wissen und Erkenntnis sollen anwachsen. In welchem Maß hat sich das Wissen der Menschheit in den letzten Jahren vermehrt!

»Wer Böses tut, der tue weiterhin Böses, und wer unrein ist, der sei weiterhin unrein; aber wer gerecht ist, der übe weiterhin Gerechtigkeit, und wer heilig ist, der sei weiterhin heilig« (Offb 22,11). Auf allen Ebenen eskalieren die Dinge. Noch nie begegnete ich so vielen verbindlich lebenden jungen Christen wie heute, die bereit sind, für Jesus zu leben und, wenn notwendig, auch für ihn zu sterben. Aber ebensowenig habe ich je zuvor soviel Schmutz und Unreinheit gesehen oder davon gehört und gelesen.

Doch genug von den Zeichen der Zeit. Die Frage heißt für uns: Wie können wir uns darauf einstellen, so daß wir bereit sind?

Im Philipperbrief 1,9-11 heißt es: »Und ich bete darum, daß eure Liebe immer noch reicher werde an Erkenntnis und aller Erfahrung, so daß ihr prüfen könnt, was das Beste sei, damit ihr lauter und unanstößig seid für den Tag Christi, erfüllt mit Frucht der Gerechtigkeit durch Jesus Christus zur Ehre und zum Lobe Gottes.«

Ist das überhaupt möglich, daß eine so überströmende Liebe Ihr und mein Herz erfüllt? Niemals sind wir Menschen in der Lage, eine solche Liebe aufzubringen!

Nein, Sie und ich können es nicht, aber der Heilige Geist vermag es. Lesen Sie dazu Römer 5,1-11. In Vers 5 und 6 heißt es: »Hoffnung aber läßt nicht zuschanden werden; denn die Liebe Gottes ist ausgegossen in unsre Herzen durch den Heiligen Geist, der uns gegeben ist. Denn Christus ist schon zu der Zeit, als wir noch schwach waren, für uns Gottlose gestorben.« Nachdem wir nun durch sein Blut gerechtfertigt sind, werden wir durch ihn vor dem Zorn Gottes gerettet.

Der Heilige Geist ist uns geschenkt worden. Beherrscht der Heilige Geist Sie? Dann wird er Sie ausfüllen. Der Herr Jesus möchte durch seinen Heiligen Geist in Ihrem Herzen und Leben wohnen und regieren. Wenn Sie ihm nur die Tür des Wohnzimmers öffnen, werden Sie seinen Sieg in der Küche und im Büro nicht erleben.

Manche Leute denken, daß eine vollständige Hingabe an den Herrn nur für Geistliche oder vollzeitliche Mitarbeiter möglich ist – für Missionare, Pastoren oder ähnliche Leute. Doch auf die Wiederkunft Jesu muß sich jeder einstellen. Jeder Mensch kann sich uneingeschränkt für Jesus öffnen – auch Sie.

Johannes sagt: »Und nun, Kinder, bleibt in ihm, damit wir, wenn er offenbart wird, Zuversicht haben und nicht zuschanden werden vor ihm, wenn er kommt« (1. Joh 2,28).

Auch in diesem Augenblick klopft Jesus an Menschenherzen an. Sind Sie bereit zu sagen: »Ja, Herr, komm in mein Herz!«? Dann wird er kommen und Sie für seine Wiederkunft vorbereiten. Er sehnt sich nach Ihnen. Er liebt Sie. Ihm liegt mehr daran, daß wir bereit sind, als uns selbst. Er sagte einmal: »Ich bin der Weinstock, ihr seid die Reben. Wer in mir bleibt und ich in ihm, der bringt viel Frucht; denn ohne mich könnt ihr nichts tun« (Joh 15,5). Sie können sich gar nicht selbst auf seine Wiederkunft vorbereiten: »... denn getrennt von mir könnt ihr nichts vollbringen.«

Aber machen Sie ein Ende mit allen Kompromissen. In Ihrem Herzen gibt es ein Kreuz und einen Thron. Wenn Ihr Ich auf dem Thron sitzt, hängt Jesus am Kreuz. Wenn Jesus auf dem Thron sitzt, dann hängt Ihr Ich am Kreuz.

»Der Gott des Friedens heilige euch ganz und bewahre euren Geist, eure Seele und euren Leib unversehrt, damit ihr ohne Tadel seid, wenn Jesus Christus, unser Herr, kommt. Gott, der euch beruft, ist treu; er wird es tun.« Welch ein Erlöser!

»Herr Jesus, danke, daß du mich von innen her veränderst, daß du das in jedem tun willst, der zu dir sagt: Ja, Herr Jesus, komm in mein Herz, fülle mich mit deinem Geist, mache mich bereit für deine Wiederkunft. Nimm mein Leben! Wie wunderbar, Herr, daß du das tun willst! Halleluja! Amen.«

Wenn Gott sagt: »Warte!«

Sind Sie schon manchmal entmutigt gewesen, weil Ihre Gebete nicht beantwortet wurden? Wie oft kommen wir in solchen Situationen zu dem Schluß: Da hat Gott eben nein gesagt! Doch meiner Erfahrung nach ist es häufig so, daß die Antwort heißt: »Warte!« Es gibt gar keinen Zweifel daran, daß Gott unsere Gebete hört, selbst die ungewöhnlichen.

Wenn seine Antwort dann heißt: »nein« oder »warte«, dann deshalb, weil er »die Vorderseite« des Webmusters unseres Lebens sieht, wir aber nur die »Rückseite«. Eines Tages werden wir die Dinge auch aus seiner Perspektive sehen können. Bis dahin wollen wir ihm danken für jedes beantwortete und für jedes nicht beantwortete Gebet. Denen, die Gott lieben, wirken alle Dinge zum Guten.

Als ich einmal alte Papiere ordnete, fand ich einen Brief, den ich 1944 aus der Einzelhaft geschrieben hatte. Damals war ich von Grausamkeiten umgeben. Heute bin ich von Menschen umgeben, die mich lieben und mir helfen. Aber selbst unter diesen Umständen gibt es ein paar Aspekte, die mich an die Isolierung jener Gefängniszeit erinnern:

»Meine Lieben, ich habe den Herrn gebeten, mich aus diesem Gefängnis (dem KZ) herauszuholen. Er hat mir geantwortet: ›Laß dir an meiner Gnade genügen.‹ Ich habe meinen Blick auf ihn geheftet und versucht, nicht ungeduldig zu sein. Ich weiß, daß ich keine Minute länger in dieser Situation bleibe, als Gott es für notwendig hält. Ich kann auf seine Zeit warten. Ich habe mich auf das einsame Leben eingestellt, aber ich bin ja nicht wirklich allein, weil ich eine gesegnete Gemeinschaft mit dem Herrn habe. Ich rede viel mit meinem Erlöser. Und ich empfange tiefere Einsichten in Zeit und Ewigkeit. Ich bin bereit, zu leben oder zu sterben. ›Denn es setzt mir beides hart zu; ich habe Lust, aus der Welt zu scheiden und bei Christus zu sein, was auch viel besser wäre‹ (Phil 1,23).

Mich quälte die Sorge um meinen Vater und um Betsie. Aber dann sprach ich sie mit dem Herrn durch, und er sagte: ›Sie sind in meiner unermeßlichen Liebe geborgen.‹ Danach tauchte die Sorge nie mehr auf.

Mein Erlöser nimmt auch all mein Heimweh von mir, so daß der Arzt eines Tages meinte: ›Sie sind immer gut gelaunt.‹ Ich habe ja auch tatsächlich soviel Grund, dankbar zu sein. Tief innen in mir klingt ein regelrechtes Loblied. Die Gemeinschaft mit dem Herrn ist so voller Freude, daß ich sogar für das Alleinsein danken kann. Das muß man sich nur vorstellen! Wer mich kennt, weiß, wie froh ich immer über die Gemeinschaft mit anderen Menschen war!

Ich sehe meine Sünden deutlicher als früher – mein Ich und meine Oberflächlichkeit. Es ist schon ein rechtes Wunder, daß ich mich so gut in dieses Leben schicken kann und dabei so glücklich bin. Oft ist es auch dunkel um mich, aber dann gibt mir mein Heiland sein Licht. Und welche Freude ist das! Bald werden wir uns in Gottes Zeit wiedersehen. Eure euch liebende Corrie.«

So ist es tatsächlich: Gott gibt Gnade zu allem, was in unserem Leben geschieht.

»Herr Jesus, deine Gnade reicht aus für alle unsere Bedürfnisse. Hilf uns, dir zu vertrauen und zufrieden zu sein mit den Lebensumständen, die du uns zuteilst. Danke, Herr! Amen.«

Lob und Gehorsam

Gott möchte unser Lob hören – einerlei, unter welchen Umständen. Mir fällt dabei eine Geschichte von dem berühmten Dirigenten Sir Michael Costa ein. Als er einst bei einer Probe Hunderte von Instrumenten und Stimmen dirigierte, hallte der ganze Raum wider vom mächtigen Brausen der Orgel, dem Dröhnen der Trommeln und dem Schmettern der Hörner. Inmitten dieses gewaltigen Zusammenklingens saß in einer entfernten Ecke ein Mann mit einer Pikkolo-Flöte. »Es spielt eigentlich keine Rolle, ob ich auch noch mitmache«, dachte er bei sich, und hörte auf zu blasen.

Plötzlich hielt der große Dirigent inne, warf die Hände hoch und ließ das Orchester verstummen. »Wo ist die Pikkoloflöte?« rief er. Sein scharfes Ohr hatte sie vermißt, und das ganze Stück war dadurch verdorben worden.

Und wie sieht es bei Ihnen aus? Sie mögen irgendwo in unbedeutenden und verborgenen Umständen leben. Aber Gott sucht Ihr Lob. Er hört darauf, und alle Musik des großen Universums wird ein wenig reicher und lieblicher, weil Sie Gott Ihr Bestes geben.

Bei einem Studententreffen hatten wir einst miteinander auf den Heiligen Geist und auf das gehört, was er uns über ein sieghaftes Leben zu sagen hatte. Wir erlebten die Wirklichkeit der Verheißungen Gottes, daß wir nämlich Schwäche und Furcht in unserem Leben überwinden konnten. Einer der jungen Leute sagte zu mir: »Nun gibt es da keine Probleme mehr. Ich sehe die Antwort auf all meine Fragen und weiß, daß in der Zukunft keine unlösbaren Schwierigkeiten mehr da sein werden.« Ich konnte ihn verstehen und war mit ihm darin einig, daß ein solcher Reichtum uns einen Vorgeschmack himmlischer Freude gibt. Ich sagte ihm aber auch, daß wir, um die Dinge in ihrer Gesamtheit zu sehen, den Glauben als ständigen Kampf sehen müßten, für den wir die ganze Waffenrüstung Gottes benötigen (Eph 6,12).

Die Bibel sagt uns, daß die finsteren Mächte besiegte Feinde sind. Ich sehe in dem Kampf, der in Epheser 6 beschrieben wird, eine regelrechte Schlacht des Glaubens. Unsere Kraft für diesen Kampf kommt vom Heiligen Geist, der uns geschenkt ist. Wenn wir ihm unsere Herzen öffnen, ist er bereit, uns ganz zu erfüllen. Und dann findet sich da anstatt der Mächte der Finsternis die Frucht des Geistes – Liebe, Freude, Friede, Langmut, Freundlichkeit, Güte, Treue, Sanftmut und Selbstbeherrschung! Die Lösung des Problems der Sünde besteht für uns nicht darin, ihre Wurzeln auszureißen. Die Lösung liegt vielmehr darin, daß der Heilige Geist in uns wohnt. Jesus bat den Vater, uns den Tröster zu senden. »Und ich will den Vater bitten, und er wird euch einen andern Tröster geben, daß er bei euch sei in Ewigkeit: den Geist der Wahrheit, den die Welt nicht empfangen kann, denn sie sieht ihn nicht und kennt ihn nicht. Ihr kennt ihn, denn er bleibt bei euch und wird in euch sein« (Joh 14,16-17).

In Holland besuchte ich einst einen meiner Freunde, der glücklicher Vater von acht Kindern ist. Im Dachgeschoß sah ich acht Betten stehen. Verwundert fragte ich ihn: »Warum in aller Welt hast du nicht ein Haus mit genügend Schlafzimmern für die Kinder gekauft?« »Habe ich ja«, war die Antwort, »aber es wohnt noch eine Familie in meinem Haus, die nicht ausziehen will. Sobald sie draußen sind, werden alle unsere Kinder ihr eigenes Schlafzimmer bekommen!«

Mein Freund hatte das Haus gekauft und bezahlt, doch mußte er noch warten, bis er es ganz in Besitz nehmen konnte. Jesus hat uns mit seinem Blut erkauft. Er hat am Kreuz Schreckliches erlitten. Es steht ihm rechtmäßig zu, uns mit Freude zu erfüllen, wenn wir ihn als Herrn und Erlöser annehmen. »Das sage ich euch, damit meine Freude in euch bleibe und eure Freude vollkommen werde« (Joh 15,11).

Aber wo unser Ich noch lebt, kann er nicht eintreten.

»Danke, Herr Jesus, daß du am Kreuz starbst, um uns zu erlösen und uns von Sünde zu reinigen. Danke, Heiliger Geist, daß du in uns lebst und uns die Wahrheit über uns selbst und über Gott lehrst. Vater, wir weihen dir unser Leben. Amen.«

Wollen Sie Jesus sehen?

Im Dschungel von Vietnam hatte ich eines Tages ein Gespräch mit einem Häuptling. Er hieß Tsau. Eine Woche lang hatte ich zu seinem Stamm gesprochen, und nun dankte er mir in ihrem Namen. Er verlieh mir den Titel: »Ur-ur-alte Großmutter«.

Im Tsjill-Stamm und in anderen Stämmen Vietnams ist ein hohes Alter eine große Ehre. Er sagte zu mir: »Sie sind von weit her gekommen, von sehr weit her. Und Sie sind alt, sehr alt. Sie haben eine schrecklich lange Reise unternommen, um uns hier von dem Herrn Jesus zu erzählen. Wollen Sie bitte Ihrem Stamm unseren Dank sagen, daß diese Leute Sie gehen ließen?«

Er schenkte mir ein kupfernes Armband. Es war das Zeichen eines Vertrages mit seinem Stamm. Man gab es, wenn Stämme sich aussöhnten, wenn eine große Schuld vollständig getilgt worden war oder wenn zwei Menschen heirateten. »Bei Ihnen«, so sagte Tsau, »handelt es sich um einen Gebetsvertrag. Wir werden für Sie beten und Sie für uns. Und in Zukunft gehören wir zusammen.«

Dann fragte ich ihn: »Haben Sie noch eine Botschaft, die ich ›meinem Stamm‹ in Holland überbringen soll?«

Er dachte eine Weile nach und sagte dann: »Sagen Sie ihnen: Wenn ein Mensch seine Sünden nicht bereut, wird er Jesus nicht sehen, wenn er wiederkommt.«

Das ist die Botschaft, die ich nun weitergebe im Namen der Tsjill und ihres Häuptlings Tsau. Wir wissen nicht, zu welcher Zeit oder an welchem Tag Jesus wiederkommen wird, aber wir können auch an keinem Tag mit Bestimmtheit sagen, daß er nicht wiederkommen könnte. Wenn er heute käme – könnten Sie ihm in die Augen schauen?

Es ist eine wunderbare Sache, daß wir alle bereit sein können. Wenn wir unsere Sünden bekennen, will Jesus uns vergeben und uns mit seinem Blut reinigen! Und ein Herz, das er gereinigt hat, will er mit seinem Heiligen Geist füllen. Dieser Geist wird wunderbare Dinge in uns wirken. Es ist eine Frage der Auslieferung an ihn. Die Bibel sagt: »... und ich bin darin guter Zuversicht, daß der in euch angefangen hat das gute Werk, der wird's auch vollenden bis an den Tag Christi Jesu« (Phil 1,6).

Bei Danang besuchte ich unmittelbar hinter der Front amerikanische Soldaten. »Ihr Jungen«, sagte ich, »wir wissen alle miteinander, daß ihr hier in Lebensgefahr seid. Es kann sein, daß es morgen schon aus ist mit euch. Seid ihr bereit, einem gerechten Gott in die Augen zu schauen? So etwas ist möglich, wenn man seine Schuld bereut und alle Sünden zu Jesus bringt. Er möchte euch vergeben und eure Herzen reinigen durch sein Blut und dann seinen Heiligen Geist hineingeben. Er sagte einmal: ›Alles, was mir mein Vater gibt, das kommt zu mir; und wer zu mir kommt, den werde ich nicht hinausstoßen‹ (Joh 6,37).« Viele dieser Jungen und Männer machten von dem Angebot Jesu Gebrauch. Manch einer von ihnen wird jetzt schon im Himmel sein.

Und wie sieht es bei Ihnen aus, wenn Sie dies lesen? Vielleicht sagen Sie: »Ich stehe nicht an der Front und bin nicht im Krieg. Mein Leben ist nicht in Gefahr.« Aber wir alle wissen, daß jeder Mensch eines Tages sterben muß und daß danach das Gericht kommt – jeder Mensch, ob er will oder nicht. Sind Sie bereit dazu? Sind Sie vorbereitet auf die Wiederkunft Jesu? Wenn ja, dann ist das großartig, aber Sie sollten dann Ihre Zeit nutzen, um anderen den Weg zu zeigen.

Jeder Mensch hat eine Ewigkeit zu gewinnen oder zu verlieren. Und wenn wir Jesus kennen, wissen wir auch den Weg. Dann sollten wir anderen sagen, daß er *der Weg, die Wahrheit* und *das Leben* ist. Wir wollen es vielen sagen. Und wir wollen wirken, solange es Tag ist – Sie an Ihrem Platz und ich an meinem.

Wenn der Herr Sie an einen Platz ruft, der Sie weit von zu Hause wegführt, gehen Sie! Wenn Sie da bleiben sollen, wo Sie einmal sind, seien Sie gehorsam, denn Gott kann uns nur dort gebrauchen, wohin er uns gerufen hat.

Ist es nicht eine wunderbare Sache, für einen König im Felde zu stehen, der noch nie eine Schlacht verloren hat?

»Danke, Herr Jesus, daß wir wissen, daß du einmal wiederkommen wirst. Zeige uns, daß wir umkehren müssen von unseren menschlichen Wegen, daß wir unsere Sünden bereuen müssen, um dich dann zu sehen. Heiliger Geist, mach du uns unruhig, wenn es in unserem Leben und Herzen noch nicht bekannte Sünde gibt.

Danke, Herr Jesus, daß du die Sünden der ganzen Welt am Kreuz getragen hast – meine Sünden und die all der Menschen, die jetzt zu dir beten. Amen.«

Leseprobe aus: »Was willst Du mir zeigen?« von Elisabeth Elliot

---

Gott tut vieles, was wir nicht verstehen. Natürlich – denn er ist Gott und handelt in vollkommener Liebe, Weisheit und Vollmacht. Wir dagegen sind vor ihm nur Kinder und weit entfernt davon, in irgendeinem Bereich vollkommen zu sein. Der wahre, echte Glaube baut fest auf Gottes Wesen und auf sein Wort und hängt sich nicht an individuelle Vorstellungen von dem, was Gott tun müßte. Die Formulierung »er *müßte*« setzt eine Vorstellung von Gerechtigkeit voraus, die in unser Denkschema paßt. Wenn das Handeln Gottes nicht mit unserer Auffassung von Gerechtigkeit übereinstimmt, geraten wir in die Versuchung, nach dem Warum zu fragen, wenn wir nicht schon so weit gehen, ihn offen der Ungerechtigkeit anzuklagen.

Dieses Warum wäre absolut sinnlos, wenn man nicht an ein Wesen glaubte, das hinter allem Sichtbaren existiert. Die Frage nach dem Warum ist die Frage nach dem Sinn und sie setzt den Glauben an ein intelligentes Wesen voraus, das sinnvoll handelt. Irgend jemand muß verantwortlich sein für das, was geschieht. Nur weil wir an einen Gott glauben, richten wir Fragen an ihn. Und wir rechnen damit, daß er gerecht ist und daß er uns liebt. Doch dieser Glaube gerät in schwere Anfechtung, wenn wir uns mit Leiden und Nöten herumschlagen, wenn wir mit unserer Situation in seinem angeblich so geordneten Universum nicht fertig werden.

Der Inhalt dieses Buches ist eine bunt gemischte Sammlung – von Essays, skizzenhaften Erzählungen, biblischen Stellungnahmen und anderen kurzen Beiträgen, die sich nur schwer ordnen lassen. Sie befassen sich mit ernsten Problemen und fragen nach dem, was Gott uns in den Dingen sagen möchte, die uns begegnen – in den Rätseln des Lebens, in der Frage nach biblischen Maßstäben, im Leben mit Gott, in Ehefragen und in den Fragen angesichts des Todes.